AF146064

BEI GRIN MACHT SICH IHR WISSEN BEZAHLT

- Wir veröffentlichen Ihre Hausarbeit,
  Bachelor- und Masterarbeit

- Ihr eigenes eBook und Buch -
  weltweit in allen wichtigen Shops

- Verdienen Sie an jedem Verkauf

Jetzt bei www.GRIN.com hochladen
und kostenlos publizieren

Bibliografische Information der Deutschen Nationalbibliothek:

Die Deutsche Bibliothek verzeichnet diese Publikation in der Deutschen National-bibliografie; detaillierte bibliografische Daten sind im Internet über http://dnb.d-nb.de/ abrufbar.

Impressum:

Copyright © 2019 GRIN Verlag
Druck und Bindung: Books on Demand GmbH, Norderstedt Germany
ISBN: 9783668990005

Dieses Buch bei GRIN:

https://www.grin.com/document/492879

Tobias Mai

Der sino-amerikanische Handelskonflikt als wirtschaftlicher Gewinn für die USA

GRIN Verlag

GRIN - Your knowledge has value

Der GRIN Verlag publiziert seit 1998 wissenschaftliche Arbeiten von Studenten, Hochschullehrern und anderen Akademikern als eBook und gedrucktes Buch. Die Verlagswebsite www.grin.com ist die ideale Plattform zur Veröffentlichung von Hausarbeiten, Abschlussarbeiten, wissenschaftlichen Aufsätzen, Dissertationen und Fachbüchern.

Besuchen Sie uns im Internet:

http://www.grin.com/

http://www.facebook.com/grincom

http://www.twitter.com/grin_com

Schulstiftung Pädagogium Baden-Baden

Allgemeines Gymnasium

Seminarkurs int. Wirtschaftspolitik

Schuljahr 2018/19

Der sino-amerikanische Handelskonflikt – ein wirtschaftlicher Gewinn für die USA?

Von

Tobias J. Mai

Gym. J1a

Inhaltsverzeichnis

1 Einleitung

In den Zeiten des absolutistischen Europas und des Merkantilismus standen „Handelsschlachten" auf der Tagesordnung, weil Staaten damals das Ziel verfolgten, ausschließlich die heimische Wirtschaft zu stärken. In den Zeiten von globaler-wirtschaftlicher Vernetzung und dem weit verbreitetem Wirtschaftsliberalismus, der sich gerade für einen freien Handel einsetzt, erscheint der im Jahre 2017 beginnende Handelskonflikt zwischen den „Vereinigten Staaten von Amerika" und der „Volksrepublik China" wie ein Relikt aus dieser alten Zeit. Doch auch hier ringen zwei Großmächte um die wirtschaftliche Hegemonialstellung und nehmen dabei eine Verletzung der globalen Handelsordnung in Kauf. Im Spannungsfeld zwischen Protektionismus und Freihandel versucht meine Arbeit mit Hilfe von Wirtschaftstheorien folgende Fragen zu beantworten: Welche Hintergründe liegen dem Ausbruch des Konfliktes zu Grunde? Besteht eine wirtschaftstheoretische Begründung für den Protektionismus? Überhaupt, ist der Freihandel für die beteiligten Länder von Vorteil? Und schlussendlich: Was spricht dafür, dass die „Vereinigten Staaten von Amerika" als Profiteur aus dem Konflikt herausgehen? Dabei werden folgende vier Größen im Einzelnen untersucht: Die Handelsbilanz, die Beschäftigung und die Veränderung der Wohlfahrt, sowie der Preise. Im Rahmen dieser Seminararbeit können Entwicklungen bis einschließlich dem ersten Quartal des Jahres 2019 berücksichtigt werden.

2 Hintergrund

Die Vereinigten Staaten und die chinesische Volksrepublik blicken zurück auf mehrere Jahrzehnte ökonomischer Beziehungen, die zuletzt vermehrt von Spannung und Konflikt durchdrungen waren. Dieses Kapitel setzt sich zum Ziel, den gesamten Hintergrund des Handelskonfliktes zu erfassen.

2.1 Wirtschaftlicher Aufschwung in China und Intensivierung der sino-amerikanischen Handelsbeziehungen

Seit Reformen die chinesische Wirtschaft in den 1970ern teilweise liberalisierten und dem subsequenten Beitritt zur World Trade Organisation (WTO) im Jahr 2001, haben sich die Handelsbeziehungen zwischen den Vereinigten Staaten von Amerika (USA) und der Volksrepublik China (China) intensiviert (Morrison, Wayne M. 2018 I). China erfuhr in derselben Zeit ein rasantes Wirtschaftswachstum, welches sich oft im zweistelligen Bereich befand (siehe: Statistik 1). Dies es erlaubte der Volksrepublik ihr Bruttoinlandsprodukt (BIP) durchschnittlich alle 8 Jahre zu verdoppeln und half rund 800 Millionen Menschen aus Armut zu entfliehen. Gemessen an der Kaufkraftparität ist China vor den USA die größte Wirtschaft der Welt und wird oft als „Fabrik der Welt" bezeichnet, da das Reich der Mitte weltweit der größte Produzent von Gütern ist (Morrison, Wayne M. 2018 II). Heute ist China für die Vereinigten Staaten außerdem der drittgrößte Exportmarkt, der größte Partner im Güterhandel und der größte Exporteur in die USA. Der Import von chinesischen Gütern, die im Vergleich mit Waren aus anderen Ländern nur geringe Kosten verursachen, erlaubt es amerikanischen Unternehmen ihre Produkte zu einem niedrigen Preis anzubieten. Indem in China zu geringen Löhnen hergestellt wird, lassen sich außerdem Produktionskosten weiter senken. Dadurch bleiben amerikanische Firmen international konkurrenzfähig und Konsumenten profitieren immens von niedrigen Preisen (Morrison, Wayne M. 2018 I).

2.2 Dispute zwischen China und den USA im vergangenen Jahrzehnt

2.2.1 Abwertung der chinesischen Währung (Yuan)

Im letzten Jahrzehnt führte vor allem die chinesische Währungspolitik zwischen den USA und China zu Spannungen. Ihren Ursprung finden diese im Jahr 1996, in welchem die chinesische Zentralbank begann, den chinesischen Yuàn an einen Wechselkurs von rund 8.28 zu 1 Dollar zu koppeln. Dies wurde erzielt, indem die chinesische Zentralbank den Dollar in großer Stückzahl ankaufte oder verkaufte und gleichzeitig große Mengen an Yuan druckte. So wurde das Angebot, bzw. die Nachfrage an Yuan stark reduziert. Dies führte dazu, dass der Yuan nur sehr gering aufwertete, trotz einer ökonomischen Lage, die unter normalen Bedingungen eine vielmals größere Aufwertung zu Folge haben müsste. Ab 2005 erlaubte die Zentralbank erstmals eine langsame Aufwertung des Yuan, stellte dies auf Grund der Finanzkrise im Jahr 2008 wieder ein. Erst ab 2010 wertete der Yuan wieder auf.

Von amerikanischer Seite wird die obig beschriebene Währungspolitik der chinesischen Regierung seit der Jahrtausendwende stark kritisiert. Zum einen sprechen amerikanische Amtsträger von negativen Auswirkungen auf die amerikanische Beschäftigungslage, zum anderen werden von amerikanischer Seite die negativen Folgen für das immer größer werdende Handelsdefizit der USA hervorgehoben. Die Abwertung des Yuan sorgt nämlich dafür, dass Importe aus China billiger sind. Da Verbraucher preisorientiert handeln, erhöht sich das Volumen der chinesischen Importe, was sich in der Handelsbilanz negativ niederschlägt. Auch der Verlust von Arbeitsplätzen in den USA soll mit der Unterbewertung des Yuan und höheren Importen aus China korrelieren, da jeder Import aus China „amerikanische Arbeiter, die diese sonst herstellen würden, vertreibt" (vlg. Morrison, Wayne M. und Labonte, Marc 2013. S. 12) (Morrison, Wayne M. und Labonte, Marc 2013).

2.2.2 Disput um chinesische Antidumpingzölle auf amerikanische Automobile

Unter der Begründung, dass die USA ihre heimische Automobilindustrie subventioniert, sodass diese ihre Produkte zu Dumpingpreisen in den chinesischen Markt einführen kann, treten in China im Jahr 2011 Antidumpingzölle auf bestimmte amerikanische Fahrzeuge in Kraft. Betroffen sind alle Modelle mit einem Hubraum größer als 2500 Kubikzentimeter, was unter anderem Automobile der führenden amerikanischen Hersteller „General Motors" und „Chrysler" trifft. Von den Zöllen getroffen werden Importe von Automobilen in Höhe von $5,8 Milliarden, ein herber Schlag für die amerikanische Automobilbranche, die im Jahr 2013 Fahrzeuge im Wert von $8,6 Milliarden nach China exportierte. Von der Unrechtmäßigkeit der Zölle überzeugt, legen amerikanische Handelsbeauftragte im Jahr 2012 bei der WTO Klage gegen die chinesischen Handelshemmnisse ein. Diese urteilt erst nach zweijähriger Dauer: Im Jahr 2014 bekräftigt ein endgültiger Schiedsspruch die Unrechtmäßigkeit der chinesischen Zölle und verbietet China deren Einsatz. Die chinesische Regierung allerdings lässt die Zölle schon vor verkündetem Urteilspruch im Dezember 2013 auslaufen (The World Trade Organization 2010)

2.3 Kritische Betrachtung der chinesischen Handelspraktiken

Von amerikanischer Seite wird China vorgeworfen, sich durch eine Reihe an unfairen Handelspraktiken Wettbewerbsvorteile zu schaffen und die amerikanische Wirtschaft zu schädigen. Dies bedeutete für die sino-amerikanischen Handelsbeziehungen im letzten Jahrzehnt vermehrt einen Umschwung in Spannung und Konflikt. (Morrison, Wayne M. 2018).

2.3.1 Der chinesische „Staatskapitalismus"

Trotz aller Reformen und liberalen Bestrebungen bleiben in China eine große Anzahl an Firmen in staatlicher Hand. Laut der WTO sollen staatliche Unternehmen in China rund 40% des Bruttoinlandsprodukts und 58,2% aller Exporte ausmachen. Dazu kommt, dass der chinesische Staat durch staatliche Banken Unternehmen günstige Finanzierung gewährt. Auch fördert der chinesische Staat überlebenswichtige Industrien beispielsweise durch Subventionen, Steuererleichterungen oder besonders günstige Kredite. Gegen ausländische Konkurrenz werden chinesische Unternehmen mithilfe von Zöllen, Regulierungen und Exportverboten abgeschirmt (Morrison, Wayne M. 2018).

2.3.2 Mangelhafter Schutz von geistigem Eigentum und Technologietransfer in China

Der gesetzliche Schutz von geistigem Eigentum und dessen Ausführung gilt in China als mangelhaft. Dies führt dazu, dass das geistige Eigentum amerikanischer Firmen häufig das Opfer von Raub wird, was laut einer Studie der „Commission on the Theft of American Intelectual Property" in China zu signifikanten Verlusten in Höhe von $150 Milliarden pro Jahr führt. Weitaus dramatischer für amerikanische Unternehmen ist, dass sie als Bedingung für Geschäfte in China oftmals Technologie an chinesische Unternehmen übergeben müssen. Eine solche Praktik ist als Mitglied der WTO eigentlich untersagt, aber laut einer Mehrzahl an amerikanischen Unternehmern und einer Studie der U.S. Chamber of Commerce nicht unüblich. Um WTO Regulierungen zu umgehen, werden Unternehmen oftmals im Gespräch dazu überredet, ihre Technologie zu teilen, um überhaupt Zugang zum chinesischen Markt zu bekommen. Es ist schwierig die Auswirkungen dieser Praktik zu quantifizieren, da sich, in Angst vor möglicher chinesischer Vergeltung, eine unbekannte Zahl an Unternehmen nicht äußert (Morrison, Wayne M. 2018).

2.3.3 Erschwerter Zugang zu chinesischen Märkten durch nichttarifäre Handelshemmnisse

Für ausländische Unternehmen bleibt der Zugang zu chinesischen Märkten durch eine Reihe an nichttarifären Handelshemmnissen erschwert. Unter nicht tarifären Handelshemmnissen versteht man „Maßnahmen, die unmittelbar oder mittelbar den Handel insgesamt oder speziell die Einfuhr beschränken und bei denen es sich nicht um Zölle handelt" (Gregosz, David und Walter, Benedikt 2013, S. 15) Basierend auf Gründen der nationalen Sicherheit, wird dabei vor allem in Bereichen in der Informations- und Kommunikationstechnologie ausländischen Unternehmen der Zugang durch Richtlinien und Standards verwehrt. Gesetze und Gesetzesvorlagen beinhalten dabei immer dieselben Schlagworte: Die Technologie soll „sicher und kontrollierbar" sein. Wie dies in der Praxis aussehen soll, wurde von der chinesischen Regierung nicht definiert. Als jüngstes Beispiel für ein solches, diskriminierendes Gesetz kann das „Cyber-Sicherheits-Gesetz" aus dem Jahr 2016 angeführt werden. Dieses beinhaltet unter anderem Passagen, die ausländischen Unternehmen den Zugang zu chinesischen Märkten erschweren: „Critical network equipment and specialized network security products shall follow the national standards and mandatory requirements, and be safety certified by a qualified establishment or meet the requirements of a safety inspection, before being sold or provided" (Wayne 2018, S.39) und "spread safe and trustworthy network products and services [...] participate in State network security innovation programs" (Wayne 2018, S. 38f.; Auslassung

S.38, Z. 33-34). In anderen Fällen werden ausländische Unternehmen nicht ausgegrenzt, die chinesische Regierung bevorzugt stattdessen klar lokale und „nationale" Technologie. Als Beispiel hierfür dienen die Richtlinien der „Chinesischen Kommission für Bankenregularien", welche die Wichtigkeit von „nationalen" Technologien im Gegensatz zu ausländischen hervorhebt. Schwerwiegender als die oben genannten Instanzen der ökonomischen Diskrimination gilt das „Gesetz zur nationalen Sicherheit," welches im Jahr 2015 beschlossen wurde. Im Artikel 59 des Gesetzes behält sich der Staat das Recht vor, ausländische Investitionen in mehrere Technologiesektoren prüfen zu dürfen: „the State establishes national security review and oversight management systems and mechanisms, conducting national security review of foreign commercial investment, special items and technologies, internet information technology products and services, projects involving national security matters, as well as other major matters and activities, that impact or might impact national security" (Wayne 2018, S. 37f.). Laut dem U.S. Departement for Commerce können Maßnahmen dieser Art amerikanischen Firmen, die im Bereich Informations- und Kommunikationstechnologie aktiv sind, langfristige Schäden zufügen (Morrison, Wayne 2018).

2.4 Das amerikanische Handelsdefizit

Ein Handelsdefizit ist Teil einer Handelsbilanz. Diese stellt rechnerisch den Wert der Warenflüsse ins Inland dem Wert der Warenflüsse ins Ausland in einem bestimmten Zeitraum gegenüber. Überwiegen hier die Exporte, also die Warenströme ins Ausland, entsteht ein Handelsüberschuss. Falls umgekehrt die Warenströme ins Inland (Importe) überwiegen, entsteht ein Handelsdefizit. Im seltenen Fall, dass der Wert aller Exporte, subtrahiert mit dem Wert aller Importe in eine Volkswirtschaft, null ergibt, spricht man von einer ausgeglichenen Handelsbilanz. Auf Grund von komplexen Handelsströmen tritt dieser Fall nur sehr unwahrscheinlich ein (Mankiw, N. Gregory 2001). Kurz -bis mittelfristig sprechen Ökonomen bei einem Handelsdefizit von negativen Effekten: Das Handelsbilanzdefizit sorgt zuerst dafür, dass eine damit betroffene Volkswirtschaft auf Grund von Kapitalabflüssen durch Importe weniger wettbewerbsfähig ist. Gelder, die für Investitionen oder Innovationen vonnöten sind, fließen in das Ausland. Das Inland wird währenddessen immer anhängiger von Kapitalzuflüssen aus dem Ausland, um weiterhin den Güterzuschuss aus dem Ausland zu finanzieren. Im Inland schlägt sich dies durch einen Rückgang des Wirtschaftswachstums bis hin zu einer Rezession nieder. Unternehmen müssen ihre Kapazitäten und Produktion zurückfahren, wodurch Arbeitslosigkeit entsteht. Jetzt sinkt die Kaufkraft der Volkswirtschaft und die Unternehmen sind wieder gezwungen ihre Produktion zurück zu fahren. Die Rezession steigert sich (De Luna Martinez, Jose 2002). Ein Handelsdefizit ist jedoch nicht unbedingt schlecht für eine Volkswirtschaft, da ein Handelsdefizit lediglich ein Ausdruck von Attraktivität, ausgeübt von einem Land auf ausländische Investoren, darstellen kann. In diesem Fall würden diese das importabhängige Land finanzieren (Généreux, Francis 2017).

Allerdings sollte sich ein Handelsdefizit meinen Überlegungen zu folge langfristig einpendeln: Dies ergibt sich, da durch ein Handelsdefizit große Mengen an Geld ins Ausland fließen, welches dort verwendet werden kann, um die Wirtschaft zu fördern. Das Ausland erfährt ein größeres Wirtschaftswachstum als zuvor, was mit einem größeren Konsum einhergeht. Dieser muss „gestillt" werden, und da das Ausland in diesem Szenario durch Exporte an genügende Geldmittel gekommen ist, können nun Konsumgüter durch Importe eingeführt werden. Einerseits steigen nun die Importe kontinuierlich für das Ausland, andererseits die Exporte für das Inland, somit wird das Handelsdefizit reduziert.

Als möglicher Grund für das Handeln der amerikanischen Regierung ist, neben den oben genannten Gründen, das steigende Handelsdefizit der USA anzuführen. Annahme dazu gibt eine Veröffentlichung zur Wirtschaftspolitik des jetzigen POTUS, in der dessen Wirtschaftsberater sich für die Senkung des Handelsdefizits ausspricht. In dem Kapitel „Mercantilism and Trade cheating" findet sich außerdem folgender Satz: „China is both the biggest trade cheater in the world and that country with which the US runs its largest trade deficit" (Navarro 2016, S.15). Um das Handelsdefizit zu senken, wird hier also bewusst China gewählt, da hier das Defizit mit -$375,2 Mrd. im Jahr 2017 (siehe: Statistik 2) im Vergleich mit allen anderen Ländern am größten ist. Um die Importe in ein Land zu senken, können Zölle erhoben werden, damit ausländische Waren für den Verbraucher unerschwinglich und für den Verkäufer unrentabel werden. Das sollte die Importe senken. Da Zölle schnell Gegenzölle provozieren, liegt die Möglichkeit einer Eskalation in einen Handelskonfliktes in greifbarer Nähe (Navarro, Peter 2016).

2.5 Die Beschäftigungslage in der amerikanischen Herstellungsindustrie

Nach dem Ende des Zweiten Weltkrieges führt die amerikanische Herstellungsindustrie die USA zu wirtschaftlicher Prosperität und stellt auch heute, beispielsweise durch große Investition in neue Entwicklungen, einen vitalen Teil der amerikanischen Wirtschaft dar (Bosworth, Barry P. und Baily, Martin Neil). Von 1965 bis 2000 fluktuierten die Beschäftigten in der der Herstellungsindustrie um 18. Millionen (Mio.) Arbeiter, bis sich im Jahr 2001 ein starker negativer Trend abzeichnete. Seitdem verloren ein Drittel aller Beschäftigten in der Herstellungsindustrie ihren Arbeitsplatz, eine Entwicklung, die nicht mit den Arbeitslosenrate der USA übereinstimmt. Diese stieg ab dem Jahr 2001 von 4.0% auf 6.0%, pendelte sich aber 2006 wieder bei 4.6% ein. Von 2008 bis 2018 stiegt die Arbeitslosigkeit auf Grund der Finanzkrise bis auf 9.6%, bis sich ein positiver Trend einstellte, welcher die Arbeitslosigkeit wieder auf 4.3% brachte (siehe Statistik 3). Währenddessen verzeichnete die Beschäftigung in der amerikanischen Herstellungsindustrie eine anhaltende negative Entwicklung (siehe Statistik 4). Für diese Entwicklung ist, laut einer Studie aus dem Jahr 2015, eine Änderung der amerikanischen Handelspolitik zu den Gunsten Chinas und subsequente Erhöhungen des Importvolumens verantwortlich. Es besteht eine Korrelation zwischen dem Entfernen von Zöllen auf chinesische Importe im Jahr 2000 und der negativen Entwicklung der Beschäftigungslage im amerikanischen Herstellungssektor, dessen Preise ohne Zölle mit den chinesischen nicht mithalten können, was zu Entlassungen führt (Pierce, Justin R. und Schott, Peter K. 2015).

3 Der Handelskonflikt – eine Übersicht

3.1 Der Auslöser des Handelskonflikts: amerikanische Zölle auf Waschmaschinen und Solarmodule

Nachdem die amerikanische Handelskommission „United States International Trade Commission" (USITC) am 31. Oktober 2017 feststellt, dass Importe von Waschmaschinen und Solarmodulen aus China der heimischen Industrie Schaden zufügen, verhängt der „President of the United States" (POTUS), Donald Trump, am 22. Januar 2018 Schutzzölle in Höhe von $8.5 Milliarden auf Importe von Solarmodulen und $1.8 Milliarden auf Importe von Waschmaschinen. Am 5. Februar folgt darauf die Antwort der chinesischen Regierung, die zunächst den Einsatz von „ausgleichenden Maßnahmen" auf den Import von amerikanischen Agrarprodukten prüft. Nach abgeschlossenen Untersuchungen kündigt die chinesische Administration Anti-Dumping Zölle in Höhe von 178.6% auf Importe der Getreideart Sorghumhirse an. Eine Ausweitung des hiermit ausgelösten Handelskonflikts sollte vorerst ausbleiben, da sich beide Seiten am 18. Mai 2018 zu Verhandlungen trafen, was die vorübergehende Aussetzung der chinesischen Vergeltungsmaßnahmen auf amerikanische Agrarimporte zur Folge hatte (Bown, Chap P. 2018).

3.2 Die Ausweitung des Handelskonflikts: Stahl und Aluminium

Das amerikanische „Departement of Commerce" prüfte bereits am 20. April 2017, ob Importe von Aluminium und Stahl eine Bedrohung der Nationalen Sicherheit der USA darstellen. Da dies unter der Sektion 232 des „Trade Expansion Acts" zutrifft, kündigt der POTUS am 1. März Zölle in Höhe von 25% auf den Import von Stahl und 10% auf den Import von Aluminium an. Die am 1. März beschlossenen Zölle schließen Importe von rund $48 Milliarden ein, die allerdings hauptsächlich die Europäische Union, Kanada und Mexico betreffen, da Stahl und Aluminium aus China unter bereits existierende Anti-Dumping Zölle fällt. Die deswegen milde ausfallende Antwort der chinesischen Regierung beinhaltet Vergeltungszölle in Höhe von $2.4 Milliarden auf Aluminiumreste, Früchte, Nüsse und Schweineprodukte, sowie eine Reihe an anderen US-Produkten (Bown, Chap P. und Kolb, Melina 2018).

3.3 Die Eskalation des Konflikts: Unfaire Handelspraktiken in Bezug auf Technologietransfer und geistiges Eigentum

Am 22. März 2018 veröffentlicht die amerikanische Regierung unter Donald Trump einen Bericht, aus dem hervorgeht, dass die chinesische Volksrepublik an unfairen Handelspraktiken in Bezug auf Technologietransfer und geistigem Besitz beteiligt ist. Dadurch sollen Innovation in den USA behindert werden. Außerdem wurde eine Liste von 1.333 chinesischen Produkten im Wert von $46.2 Milliarden publik gemacht, auf die Zölle von 25% verhängt werden sollen. Der darauffolgende chinesische Vergeltungsschlag am 4. April beinhaltet gleichermaßen eine Liste von amerikanischen Produkten im Wert von $50 Milliarden, die mit Zöllen belegt werden sollen. Zu einer Eskalation trägt bei, dass bereits am nächsten Tag Handelsbeauftragte von der amerikanischen Regierung dazu angewiesen werden, die Möglichkeit zu prüfen, weitere 100 Milliarden an chinesischen Produkten mit Zöllen zu belegen. Am 15. Juni revidieren beide Staaten ihre Listen mit angedrohten Zöllen. Während die amerikanischen Handelsbeauftragten kaum Veränderungen vornahmen, treffen die chinesischen Zölle jetzt vor allem Agrarprodukte und Lebensmittel. Außerdem planen beide Staaten ein in 2-Phasen erfolgendes Vorgehen, indem zuerst Produkte im Wert von $34 Milliarden und später im Wert von $16 Milliarden mit Zöllen belegt werden sollen. Als Antwort erhöht der POTUS am 5. April den Wert der, ab dem 16. Juni von Handelsbeauftragten mit Zöllen zu belegenden, chinesischen Produkte von $100 auf $200 Milliarden und droht im Falle einer chinesischen Vergeltung eine weitere Erhöhung auf $400 Milliarden an. Am 6. Juli 2018 treten sowohl amerikanische Zölle, angekündigt am 22. März, als auch die chinesischen Zölle vom 4. April, zeitgleich in Kraft. Nach den Anweisungen des POTUS vom 5. April, veröffentlicht die USA am 10. Juli eine Liste von chinesischen Produkten im Wert von $200 Milliarden, die mit Zöllen von 10% belegt werden sollen. Betroffen sind vor allem Zwischenprodukte, wie Autoteile und Computerchips, sowie Verbrauchsgüter, darunter Smartphones, Einrichtungsgegenstände und Gepäckstücke.

Zusammen mit den in Kraft getretenen Zöllen vom 6. Juli auf chinesische Güter im Wert von $50 Milliarden, würden die Hälfte aller Importe aus China, welche 2017 insgesamt einen ungefähren Wert von $504 Milliarden erreichten, unter Zölle fallen. Nur zehn Tage später, am 20. Juli, droht der POTUS die Lage weiter zu eskalieren, indem er sich in einem Interview sich dazu bereit erklärt, Zölle auf alle Importe aus China zu erlassen (siehe Transkript 1). Der Zollsatz auf chinesische Produkte im Wert $200 Milliarden, welcher am 5. April angekündigt wurde, soll außerdem von 10% auf 25% erhöht werden. Die chinesische Antwort auf diese bedrohliche Entwicklung folgt am 3. August 2018. Im Falle weiterer Zölle von der amerikanischen Seite, sollen rund $60 Milliarden an Importen mit Zöllen in Höhe von 5%-25% belegt werden, wodurch, zusammen mit den revidierten Zöllen vom 15. Juni, nur noch auf $53 Milliarden an amerikanischen Importen keine Zölle entfallen. Dies entspricht weniger als der Hälfte der gesamten Importe aus dem Jahr 2017. Am 23. August 2018 tritt außerdem auf beiden Seiten die langangekündigte zweite Phase der Zölle vom 6. Juli in Kraft. Von der chinesischen Ankündigung, weitere Zölle auf Importe im Wert von $60 Milliarden zu erlassen, kalt gelassen, treten amerikanische Zölle auf Importe in Wert von $200 Milliarden am 24. September in Kraft, worauf die angekündigten chinesischen Vergeltungszölle auf $60 Milliarden ebenfalls in Kraft treten (Bown, Chap P. und Kolb, Melina 2018).

3.4 Beginn und Abbruch der Verhandlungen

Ab 1. Dezember 2018 kommt es während Verhandlungen zwischen den Vereinigten Staaten und China vorerst zu einem „Waffenstillstand". Dieser wurde vom POTUS im Mai 2019 überraschend gebrochen, indem der Zollsatz von amerikanischer Seite auf 200 Milliarden chinesischer Produkte von 10% auf 25% erhöht wurde (Bown, Chap P. und Kolb, Melina 2018). Als Übersicht über den durchschnittlichen Zollsatz während des bisherigen Verlaufs des Handelskonflikts dient die „Statistik 5: Durchschnittlicher Zollsatz während dem bisherigen Handelskonflikt" im Anhang „Statistiken und Grafiken."

4 Der unterschwellige Konflikt zwischen Freihandel und Protektionismus

4.1 Modelltheoretische Grundlagen zur Vorteilhaftigkeit des Freihandels: Absolute und komparative Kostenvorteile

Die reine Theorie der Außenwirtschaft legt nahe, dass der internationale Handel allen beteiligten Parteien Vorteile bringt. Als Grundlage dafür gilt das Modell der absoluten Kostenvorteile, welche bereits im Jahr 1776 von dem schottischen Gelehrten Adam Smith entwickelt wurde (Smith, Adam 1993). Dieses wurde durch die beiden Ökonomen David

Ricardo und John Stuart Mill mit ihrem Prinzip der komparativen Kostenvorteile ergänzt, welches gleichzeitig zum ersten Mal eine stringente Rechtfertigung für die Freihandelskonzeption (Freihandel ist Außenhandel ohne jegliche Handelsbeschränkungen) lieferte. (Bender, Dieter 1999).

Da diese Arbeit hinsichtlich ihres Umfangs beschränkt ist, können nur einige Grundlagen des Außenhandels dargestellt werden. Auf Vertiefungen, beispielsweise das Heckscher-Ohlin-Modell kann nicht weiter eingegangen werden.

4.1.1 Die Theorie der absoluten Kostenvorteile im Zwei-Güter-Modell

Anhand eines Zwei-Güter-Modells, in dem jedes Land mit gleicher Arbeitskraft zwei Güter zu unterschiedliche Mengen herstellen kann, lässt sich demonstrieren, dass der Freihandel zu einer Erhöhung der Gesamtproduktion führt, wenn sich jedes Land auf das Gut, welches es am kostengünstigsten herstellen kann, spezialisiert. Bei unserem hypothetischen Beispiel stehen jedem Land 100 Arbeitseinheiten (AE) pro Periode zur Verfügung, mit denen alternativ eine der bestimmten Mengeneinheiten (ME) (der Tabelle 1 zu entnehmen) an Stahl oder Weizen herstellt werden kann. Aus der Tabelle 1 geht hervor, dass das Ausland in der Lage ist, mit gleichem Arbeitseinsatz eine größere Menge an Weizen als das Inland zu produzieren. Für eine ME Weizen benötigt das Ausland 4,167 AE (100:24), das Inland hingegen 10 AE (100:10). Somit hat das Ausland bei der Erzeugung von Weizen einen absoluten Kostenvorteil.

Im Inland ist jedoch die Produktion von Stahl mit 100 AE höher als dieselbe im Ausland. Das Inland benötigt für eine ME an Stahl 6,25 AE (100:16), das Ausland hingegen 8,33 AE (100:12). Somit hat das Inland bei der Produktion von Stahl einen absoluten Kostenvorteil.

Nehmen wir jetzt an, in Autarkie produziert das Ausland auf Grund der Bedürfnisse ihrer Bevölkerung 4 ME Stahl und 16 ME Weizen (Punkt A auf der Grafik 1) und das Inland aus demselben Grund 8 ME Stahl und 5 ME Weizen (Punkt B auf der Grafik 2). Anstatt mit ihren begrenzten Arbeitseinheiten ineffizient Produkte herzustellen, die im Ausland kostengünstiger hergestellt werden können, sollten die Länder sich auf die Produkte spezialisieren, bei denen für sie ein absoluter Kostenvorteil besteht und miteinander Handel treiben. So kann durch internationale Arbeitsteilung die Gesamtproduktion erhöht werden (Siehe Tabellen 2&3). (Lüpertz, Viktor 2016).

4.1.2 Die Theorie der komparativen Kostenvorteile im Zwei-Güter-Modell

Durch ein weiteres Zwei-Güter-Modell kann demonstriert werden, dass der Freihandel zwischen zwei Ländern auch vorteilhaft ist, wenn ein Land keine absoluten, sondern komparative Kostenvorteile hat. Dabei übernehmen wir die Bedingungen des obigen Beispiels und passen lediglich die Produktion von Stahl im Ausland nach oben an (siehe Tabelle 4). Nach angepasster Produktion benötigt das Ausland für eine ME Stahl 5,56 AE (100:18), während das Inland für dieselbe 6,25 AE (100:16) benötigt. Somit hat das Inland bei der Produktion von Stahl nicht länger einen absoluten Kostenvorteil, welcher jetzt im Ausland liegt. Da sich die Bedingungen für die Produktion von Weizen nicht verändert haben, bleibt der absolute Kostenvorteil in dieser Domäne im Ausland. Zusammenfassend bedeutet dies, dass das Ausland für die Produktion beider Güter einen absoluten Kostenvorteil hat. Es ist jedoch zu beachten, dass das Ausland pro Periode einen Produktionsvorteil von 140% (100:4,167*10 = 240) bei der Herstellung von Weizen, bei der Herstellung von Stahl gegenüber dem Inland aber lediglich einen Produktionsvorteil von ungefähr 12,5% (100:5,56*6,25=112,4) hat. Im Folgenden möchte ich zeigen, warum das Ausland nicht nur einen absoluten, sondern auch einen komparativen Kostenvorteil bei der Erzeugung von Weizen hat: Die unterschiedlichen Produktionsvorteile des Inlandes oder Auslandes können mit Hilfe der sogenannten Opportunitätskosten (Verzichtskosten) ausgedrückt werden. Die Opportunitätskosten geben dabei das Verhältnis zwischen dem Verzicht auf das Gut A und der Mehrproduktion des Guts B (Siehe Formel 1) an und die höchste Gesamtproduktion ergibt sich schlussendlich, wenn sich jedes Land auf die Produktion der Güter fokussiert, deren Herstellung die geringsten Opportunitätskosten verlangen. Hat ein Land A bei der Produktion eines Guts geringere Opportunitätskosten als das Land B, spricht man hierbei von komparativen Kostenvorteilen. In unserem Beispiel hat das Ausland bei der Produktion von Weizen einen komparativen Vorteil, das Inland bei der Produktion von Stahl (Opportunitätskosten sind der Tabelle 5 zu entnehmen). Nehmen wir weiter an, dass das Ausland auf Grund von individuellen Bedürfnissen der Population, bisher 6 ME Stahl und 16 ME Weizen (Punkt C auf der Grafik 3) produziert. Auf Grund von größerer Nachfrage nach Stahl wird im Inland 8 ME Stahl und des Weiteren 5 ME Weizen (Punkt D auf der Grafik 4) erzeugt. Die Gesamtproduktion vor der internationalen Arbeitsteilung wird von der der Tabelle 6 angegeben. Nachdem sich beide Länder auf die Güter mit komparativem Kostenvorteil spezialisieren, steigt die Gesamtproduktion (siehe Tabelle 7) von Weizen auf 24 ME, die Gesamtproduktion von Stahl auf 16 ME (Lüpertz, Viktor 2016). Schlussendlich lässt sich eine allgemeine Regel formulieren: „Wenn sich jedes Land auf die Produktion der Güter spezialisiert, bei denen es gegenüber dem anderen Land komparative Kostenvorteile hat, kann durch internationale Arbeitsteilung der Gesamtproduktion gesteigert werden" (Viktor 2016, S.377)

4.1.3 Die Vorteilhaftigkeit des Freihandels bei unterschiedlichen Austauschverhältnissen

Durch die Spezialisierung auf Produkte mit komparativem Kostenvorteil, konzentriert sich das Inland auf den Export von Stahl und den Import von Weizen, während das Ausland Stahl importiert und Weizen exportiert. Bei einem Austauschverhältnis von 1:1 kann das Inland die zusätzlichen 8 ME Stahl, die durch die Spezialisierung auf die Eisenerzeugung entstehen, gegen 8 ME Weizen eintauschen. Somit stehen dem Inland insgesamt 8 ME Stahl (keine Veränderung, siehe Tabelle 2: Gesamtproduktion in Autarkie) und 8 ME Weizen (zuvor 5 ME Weizen, siehe Tabelle 2) zur Verfügung. Das Ausland kann 8 ME Weizen gegen 8 ME Stahl eintauschen, sodass jetzt 16 ME Weizen (keine Veränderung, siehe Tabelle 2) und 8 ME Stahl (zuvor 6 ME Stahl, siehe Tabelle 2) zur Verfügung stehen. Insgesamt verbesserte sich die Versorgungslage für beide Handelspartner. Die Ursache für die Vorteilhaftigkeit des Freihandels in dieser Situation, liegt bei den sogenannten „Terms of Trade". Rechnerisch ergeben sich diese aus dem Quotienten der Importmenge und der Exportmenge (Siehe Formel 2) Nun, das Inland erhält in obigem Beispiel für den Export 1 ME Stahl 1 ME Weizen, weshalb die „Terms of Trade" des Inlands bei 1 liegen (1:1), während die Kosten für die Produktion von Stahl, ausgedrückt in dem Verzicht (Opportunitätskosten) der Produktion von Weizen bei 0,625 (siehe Tabelle 5) liegt. Das Inland ist somit von dem Freihandel begünstigt, da die „Terms of Trade" höher als die Opportunitätskosten liegen. Dasselbe gilt für das Ausland, dessen Verzichtskosten in Höhe von 0,75 für die Produktion von 1 ME Weizen, ebenfalls unter den „Terms of Trade" liegen. Daraus lässt sich eine allgemeine Regel ableiten: „Der Außenhandel bringt nur unter folgender Bedingung für beide Handelspartner Vorteile: Das Austauschverhältnis („Terms of Trade") muss zwischen den Opportunitätskosten liegen, die den Beteiligten ohne Außenhandel für die Produktion des gleichen Gutes jeweils entstehen würde" (Viktor 2016, S. 379). Für den Exporteur wiederum, ist der Freihandel „nur wenn die Gütermenge, die für eine Einheit des Exportgutes als Gegenleistung importiert werden kann ("Terms of Trade") größer als die Opportunitätskosten für eine Einheit des Exportguts ist, von Vorteil" (Viktor 2016, S. 379).

4.2 Die Auswirkungen des Freihandels auf einen Importmarkt in Autarkie

In einem hypothetischen Beispiel (siehe Grafik 5), welche die Auswirkungen des Freihandels auf einen Importmarkt in Autarkie (ein Land ohne Außenhandel) verdeutlicht, wird in einem Land ohne Außenhandel das Gut Weizen zu dem Preis $p^0 = €250,00$ pro Mengeneinheit angeboten. Der Inlandspreis liegt damit über dem Weltmarktpreis, welcher bei dem Preis $p^1 = €100,00$ liegt. Würde der Inlandspreis unter dem Weltmarktpreis liegt, würde sich ein Import nicht lohnen. Wird der Inlandsmarkt nun für den Weizenimporte geöffnet, sorgt der Zustrom von billigerem Weizen aus dem Ausland zu einem Preisverfall im Inland. Der Preissenkungsprozess dauert solange an, bis sich der Inlandspreis dem Weltmarktpreis von p^1 angepasst hat. Auf die Preissenkung reagieren die Nachfrager, indem sie die nachgefragte Menge von dem Punkt G^0 auf den Punkt G^1 ausdehnen. Die inländischen Anbieter, die nicht konkurrenzfähig sind, reduzieren die angebotene Menge vom Punkt G^0 auf den Punkt B. Der entstehende Nachfrageüberhang von 6 Mio. Tonnen (die Strecke BG^1) wird jetzt von Importen gedeckt. Eine neue Gesamtangebotskurve A^1 entsteht, die zu 6/7 von Importen und zu 1/7 von inländischer Produktion gedeckt wird. Schließlich pendelt sich ein neues Marktgleichgewicht G^1 mit der Preis-Mengen-Kombination von $p^1 = €100,00$ und $x^1 = 7$ Mio. Tonnen ein (Lüpertz, Viktor 2016). Zusätzlich steigt die Wohlfahrt durch Gewinne in der Konsumentenrente und nur geringe Verluste in der Produzentenrente um +450 Mio. € (Siehe Tabelle 8).

Die Importe führen schlussendlich zu „einer Senkung des Inlandspreises auf das Niveau des Weltmarktpreises. Die im Inland umgesetzte Menge steigt" (Viktor 2016, S. 405).

4.3 Die Wirkungsweise von Importzöllen auf die Preise und Wohlfahrt

Um die Wirkungsweise von Zöllen auf den Preis eines Guts zu demonstrieren, kann das obige Beispiel (Grafik 6) weitergeführt werden: Nehmen wir an, im Inland werden zum Schutz der heimischen Landwirtschaft von der Regierung Zölle auf Weizen erhoben. Auf jede importierte Mengeneinheit von Weizen entfällt ein Importzoll von €100,00, was für den Importeur den Preis für eine Mengeneinheit Weizen um die obige Geldmenge erhöht. Ein Import lohnt sich nur noch, wenn der Inlandpreis sich dem erhöhten Weltmarktpreis anpasst. Bei dem Diagramm „Inlandsmarkt für Verbraucher ohne und mit Importzoll" handelt es sich um eine graphische Darstellung der Auswirkungen des obigen Importzolls. Zuerst einmal verschiebt sich die Importangebotskurve um die Höhe des Zolls parallel nach oben. Die Käufer von Weizen im Inland reagieren auf die Preiserhöhung $p^2 = €200,00$, indem sie mit ihrer Nachfrage von Punkt G^1 auf Punkt G^2 zurückgehen. Die inländischen Anbieter reagieren umgekehrt, sie weiten die Menge des Angebots auf der inländischen Angebotskurve A^0 von dem Punkt B auf den Punkt C aus. Durch den erhöhten Zoll entsteht bei dem Preis p^2 ein Nachfrageüberhang in Höhe von der Strecke CG^2 vor, welcher durch Importe gedeckt wird. Die neue Gesamtangebotskurve lautet jetzt A^2. Als Ergebnis entsteht ein neues Markgleichgewicht G^2, sowie die Preis-Mengen-Kombination $p^2 = €200,00$ je Tonne und $x^2 = 5$ Mio. Tonnen. Bei dem neuen Marktgleichgewicht G^2 sind die Konsumenten schlechter als beim Marktgleichgewicht G^1 ohne den Importzoll gestellt, da der Preis jetzt höher und die Marktversorgung schlechter ist. Die inländischen Anbieter jedoch, die jetzt 3 Mio. Tonnen an Weizen anbieten, sind verglichen mit ihrer Situation vor dem Importzoll in einer besseren Lage: Ihre Absatzmenge und der dafür erzielte Preis ist höher (Lüpertz, Viktor 2016).

Schlussendlich bewirken Importzölle, dass „im Vergleich zum Freihandel die inländischen Nachfrager schlechter und die inländischen Anbieter bessergestellt werden" (Viktor 2016, S. 406).

Zusätzlich ist es möglich, die Wohlfahrtsänderung im Inland durch den Einsatz der Importzölle zu quantifizieren. Die Wohlfahrt wird als „Maßstab für den Gesamtnutzen verwendet, der sich für Produzenten und Konsumenten auf einem funktionierenden Markt ergibt" (Viktor 2016, S.80) Die Wohlfahrt setzt sich aus Produzenten -und Konsumentenrente zusammen. Die Produzentenrente erfasst die Gewinne der Anbieter, die bereit gewesen wären, ihre Güter zu einem Preis niedriger als der des Gleichgewichtspreises zu verkaufen. Diese erzielen eine Gewinnerhöhung, da sie ihre Güter als teurer als zuvor verkaufen können. „Die Differenz zwischen den Einnahmen beim geforderten Mindestpreis und den tatsächlich erzielten höheren Einnahmen" (Viktor 2016, S.76) wird somit als Produzentenrente bezeichnet.

Die Konsumentenrente erfasst die Gewinne der Nachfrager, die bereit gewesen wären, ein Gut zu einem Preis, der höher als der Gleichgewichtspreis liegt, zu kaufen. Diese erzielen eine Einsparung, da sie jetzt in der Lage sind, ein Gut billiger als zuvor zu kaufen. „Die Differenz zwischen der Zahlungsbereitschaft und den tatsächlichen Ausgaben" (Viktor 2016, S.76) wird somit als Konsumentenrente bezeichnet (Lüpertz, Viktor 2016).

Steht ein Preis-Mengen-Diagramm zur Verfügung, ist es möglich die Produzenten -und Konsumentenrente elementargeometrisch zu bestimmen (Lüpertz, Viktor 2016).

Wir ermitteln in der Tabelle 9 die Konsumentenrente und die Produzentenrente, indem wir den Flächeninhalt der Flächen A1 bis A7 rechnerisch bestimmen. Die Summe der beiden Größen und der Staatseinnahmen durch die eingesetzten Importzölle, ergibt die Gesamtwohlfahrt. Jetzt kann die Gesamtwohlfahrt vor und nach dem Protektionismus verglichen werden: Der Importzoll sorgt für 600 Mio. € Verlust in der Konsumentenrente, gewinnt aber durch eine erhöhte Produzentenrente im Wert von 200 Mio. € und Staatseinnahmen in Höhe von 200 Mio. € (siehe Tabelle 9). Insgesamt lässt somit sich ein Wohlfahrtsverlust von 200 Mio. € feststellen. „Durch Importzölle [...] sinkt die Gesamtwohlfahrt, weil die Abnahme der Konsumentenrente größer ist als die Zunahme der Produzentenrente und die Staatseinnahmen" (Viktor 2016, S. 408; Auslassung Z. 7-8)

4.4 Kritische Auseinandersetzung mit Argumenten für Handelsbeschränkungen

4.4.1 Das Beschäftigungsargument

Gegner des Freihandels mögen oftmals anführen, dass der Außenhandel mit anderen Ländern die Beschäftigung im Inland senkt. Diese Möglichkeit besteht gewiss: Falls der Preis für ein Gut im Ausland niedriger als der Inlandspreis ist, führt dies zu einer Angleichung der Inlandspreise an den Preis auf dem Weltmarkt. Da die im Inland angesiedelten Firmen mit dem Weltmarktpreis nicht mithalten können, würde sich der in diesem Fall eintretende Preisrückgang im Inland durch einen Rückgang der Produktion für das betroffene Gut äußern. Dies führt wiederum dazu, dass die Angestellten, die zuvor das jetzt auf dem Weltmarkt gehandelte Gut produzierten, ihre Arbeitsstelle verlieren. Somit kann der Freihandel im Inland zu einem Rückgang in der Beschäftigung führen. Was bei diesem hypothetischen Beispiel aber anzuführen ist, auch wenn das oftmals Gegner des Freihandels vergessen: Der Freihandel würde auch neue Arbeitsplätze entstehen lassen. Mit dem Preisrückgang für ein Gut ist verbunden, dass die Bevölkerung im Inland dieses einkauft. Damit erlangen wiederum ausländische Märkte die Mittel, um Güter einzukaufen, bei denen das Inland einen komparativen Vorteil hat. Nun folgen wir dem obigen Schema: Die Industrien, die vom Ausland nachgefragte Güter produzieren, verzeichnen einen Anstieg der Produktion und vergrößern ihre Kapazitäten. Es entstehen Arbeitsplätze und diejenigen, die vorher auf Grund des Freihandels ihre Arbeitsstelle verloren hatten, können in die jetzt florierenden Industriezweige umwechseln. Schlussendlich verzeichnet das Inland bei gleicher Beschäftigungslage einen höheren Lebensstandard, da ein oder mehrere Güter zu einem geringeren Preis erworben werden können. Nun mögen Gegner des Freihandels das obige Argument ausweiten, und behaupten, dass das Inland kein einziges Gut billiger als im Ausland produzieren kann. Die Menschen im Inland können in keinem Industriezweig rentabel beschäftigt werden, was schließlich zu ihrer Entlassung führt. Dieses Argument ignoriert, dass Handelsvorteile nicht etwa auf absoluten, sondern auf komparativen Vorteilen basieren. Selbst wenn der obige Fall zutrifft und tatsächlich alle Güter absolut billiger im Ausland produziert werden können, kann der gegenseitige Handel Vorteile für alle bringen. Wie im obigen Kapitel „das amerikanische Handelsdefizit" ausgeführt, gleichen sich Importe und Exporte langfristig aus, weshalb unter der Annahme, dass der Import nicht mehr Beschäftigte als der Export benötigt, sich auch die Beschäftigung langfristig ausgleicht. Allerdings setzt dies voraus, dass sich das Austauschverhältnis (Terms of Trade) der Theorie nach langsam ausgleicht. Tut es dies nicht, können durch einen Importüberschuss Arbeitsplätze an das Ausland verloren werden. Schlussendlich gilt: Kurzfristig erfährt das Inland einen

Beschäftigungsrückgang, aber Entlassene können ihre Arbeit in Sektoren mit komparativem Vorteil oder in den auf lange Sicht florierenden Exportsektoren wiederfinden. (Mankiw, N. Gregory 2001).

4.4.2 Das Sicherheitsargument

Sind heimische Industrien von ausländischer Konkurrenz bedroht, wird von Befürwortern von Handelsbeschränkungen das Sicherheitsargument aufgeworfen. Der bedrohte Industriezweig soll notwendig für die Nationale Sicherheit sein, weshalb dieser zu schützen ist. Vor allem die USA führte im Handelskonflikt diese Begründung für Zölle auf Stahl und Aluminium an (siehe: „Der Konflikt - eine Übersicht"). Einerseits geben Ökonomen diesem Argument teilweise recht, wenn beispielsweise Industrien existieren, ohne deren Erzeugnisse sich ein Land in Abhängigkeit eines anderen Landes begäbe, andererseits kritisieren sie es trotzdem deutlich. Es wird angeführt, dass dieses Argument zu leichtfertig auf Kosten der Konsumenten herangeführt wird, um zum Beispiel politische Ziele zu erreichen oder sich Vorteile im Wettbewerb zu verschaffen. So argumentierte die amerikanische Uhrenindustrie dafür, die preisgünstigeren Uhrenimporte aus der Schweiz mit hohen Zöllen zu belegen, da sonst die nationale Sicherheit gefährdet sei. Schließlich waren Spezialisten der Uhrenindustrie im Rüstungsbau beschäftigt und stellten dort für das Militär „überlebenswichtige" Instrumente in Flugzeugen her. Schlussendlich ist für Unternehmen die Versuchung oftmals zu groß, ihre Produkte als notwendig für die nationale Sicherheit darzustellen und sich somit Vorteile zu verschaffen (Mankiw, N. Gregory 2001).

4.4.3 Das Argument des unfairen Wettbewerbes und des Verhandlungsvorteils

Weiterhin führen Gegner des Freihandels an, dass dieser nur für alle vorteilhaft ist, wenn auch alle Akteure auf dem Weltmarkt sich an dieselben Regeln halten. So gelten im Ausland oftmals andere Regulierungen und Standards, die Produkte eines Unternehmens im Vergleich verteuern oder verbilligen könnten. Außerdem besteht die Möglichkeit, dass Regierungen bestimmte Industrie subventionieren könnten, was denselben Effekt hätte. Gerade das letzte Beispiel lässt sich auf die Wirklichkeit übertragen, da viele Länder tatsächlich ganze Industriezweige subventionieren. Doch ist der Schaden, der dadurch entsteht, tatsächlich so groß, wie behauptet? Gewiss, inländische Produzenten eines Gutes und ihre Angestellten würden leiden, falls im Ausland dasselbe Gut auf Grund von Subventionen billiger hergestellt werden könnte. Gleichzeit aber profitieren Konsumenten im Inland von billigeren Preisen, während die Steuerzahler im Ausland höhere Abgaben leisten müssen. Auch wird der Staatshaushalt belastet. Die Volkswirtschaft kommt zu dem Schluss: „Die Gewinne der Konsumenten aus dem billigen Einkauf übersteigen die Verluste der Produzenten" (Mankiw 2001, S.212).

An das obige Argument knüpft das Argument vom Verhandlungsvorteil an. Es besagt, dass mit der Androhung von Handelsbeschränkungen bereits vorhandene Handelsbarrieren beseitigt werden können. So soll Land A dem Land B mit Handelsbeschränkungen drohen, falls dieses seine bereits in Kraft getretenen Handelsbeschränkungen nicht entfernt. Kommt Land B der Forderung nach, ist dies als Gewinn für den Freihandels zu verbuchen. Falls das Land B der Forderung allerdings nicht nachkommt, ist das Land A gezwungen die Drohung durchzusetzen, wodurch der Freihandel geschädigt wird. Auch könnte Land B Vergeltungszölle erheben und die Situation in einen Handelskonflikt eskalieren (Mankiw, N. Gregory 2001).

5 Analyse der Auswirkungen des Handelskonflikts

5.1 Veränderungen in der Handelsbilanz

Wie aus dem Kapitel „das amerikanische Handelsdefizit" hervorgeht, war es das Ziel der amerikanischen Administration mit dem Handelskonflikt das anwachsende Handelsdefizit mit China zu verlangsamen, oder sogar eine Trendwende einzuleiten (siehe Kapitel 1.4). Insgesamt verzeichneten die USA im Jahr 2018 einen Anstieg des Handelsdefizits mit China um \$43.6 Mrd. auf \$419.2 Mrd. Im Oktober 2018, einen Monat nachdem Zölle auf chinesische Importe von \$200 Mrd. in Kraft traten, was gemessen am betroffenen Importvolumen die schwerwiegendste Tranche darstellt, verzeichnet die USA einen Importüberschuss von \$55,5 Mrd. mit dem Rest der Welt. Besonders schmerzlich ist dabei, dass das Defizit im Außenhandel mit China im um \$9 Mrd. gestiegen ist und somit ein Allzeit-Hoch erreicht hat (Autor unbekannt oder o.V. 2019, I). Das Handelsdefizit reagiert erst im November 2018 auf die amerikanischen Importzölle, indem es sich um \$2.8 Mrd. zum Vormonatswert verringert (United States Census Bureau 2019 V). Das Handelsdefizit mit China, was im November \$35.4 beträgt, liegt aber trotzdem über dem Vorjahreswert von \$33,5 Mrd. (United States Census Bureau 2018 I). Im Dezember 2018 liegt das Handelsdefizit mit China von \$38.7 (United States Census Bureau 2019 IV) erstmals seit Beginn des Handelskonflikts unter dem Vorjahreswert von \$34 Mrd. (United States Census Bureau 2018 II). Dieser Trend setzt sich bis zum März 2019 fort:

Im Januar 2019 beträgt das sino-amerikanische Handelsdefizit \$33.2 Mrd. (United States Census Bureau 2019 I), der Vorjahreswert bei liegt \$35.5 Mrd. (United States Census Bureau 2018 III). Im Februar 2019 liegt das Handelsdefizit mit China bei \$30.1 Mrd. (United States Census Bureau 2019 II) und liegt somit sowohl unter dem Vormonat als auch unter dem

Vorjahreswert (United States Census Bureau 2018 IV). Für den März 2019 gilt dasselbe (United States Census Bureau 2018 V); (United States Census Bureau 2019 III). Zum Zeitpunkt des Abschlusses dieser Arbeit liegen keine neueren Daten vor.

Allerdings ist anzuführen, dass die amerikanischen Zölle hauptsächlich chinesische Zwischenprodukte und Konsumgüter trafen, die Veränderung des Importvolumens muss somit gesondert auf einzelne Sektoren untersucht werden. Wir betrachten also die Handelsstatistik der USA im Zeitraum vom Dezember 2017 bis zum März 2019 auf gesonderte Sektoren: Den Handel mit elektronischen Maschinen, nicht-elektronischer Maschinen und einer Reihe an Konsumgütern. Da die amerikanischen Zölle auf Stahl und Aluminium nicht gegen China gerichtet waren (siehe Kapitel „Die Ausweitung des Handelskonflikts: Stahl und Aluminium"), werden diese in dieser Arbeit nicht untersucht.

Der Import von elektronischen Maschinen aus China erfuhr im Quartal 1-3 im Jahr 2018 Vergleich zum Jahr 2017 eine Steigerung. Erst im vierten Quartal 2018 auf sank das Importvolumen auf $45,315 Mrd. und somit unter den Vorjahreswert, welcher $47,7 Mrd. betrug. Diese Entwicklung setzt sich dieses Jahr fort: Im ersten Quartal 2019 wurden nur $28,687 Mrd. an elektronischen Maschinen aus China importiert, im Vorjahr lag derselbe Wert noch bei $35,132 Mrd. (siehe Tabelle 10). Der Rückgang des Imports von elektronischen Maschinen deckt sich mit dem Ablauf des Handelskonflikts, da auf chinesische Elektronik erst am dem September 2018 Zöllen entfielen (siehe Statistik 5). Die obige Entwicklung kann sich auf den Handel mit nicht-elektronischer Maschinen übertragen werden, da beide Sektoren in dieselbe Tranche von Zöllen fallen (siehe Kapitel „Der Handelskonflikt - eine Übersicht").

Auch der Import von nicht-elektronischer Maschinen stieg in den Quartalen 1-3 im Jahr 2018 im Vergleich mit dem Jahr 2017, erst im vierten Quartal sank das Importvolumen auf $28,756 Mrd. und lag somit unter dem Vorjahreswert von $29,761 Mrd. Im ersten Quartal 2019 wurden lediglich $22,404 Mrd. an nicht-elektronischer Maschinen aus China importiert, ein Wert der nicht nur unter dem Vorjahreswert von $27,896 Mrd. liegt, sondern auch jedes Quartal bis ins Jahr 2011 unterrifft (siehe Tabelle 11). Chinesische Konsumgüter hingegen wurden von dem Handelskonflikt weniger stark bis gar nicht getroffen: Die Einfuhr von chinesischer Bekleidung sank lediglich im zweiten Quartal 2018 mit einem Importvolumen von $2,84 Mrd. unter den Vorjahreswert von $2,955 Mrd.; im dritten Quartal des Jahres 2018 erreichte das Importvolumen von chinesischer Kleidung gar ein Allzeit-Hoch (siehe Tabelle 12). Auch der Import von Einrichtungsgegenständen aus China in die USA ist weiter am boomen und stieg während des Handelskonflikts im Vergleich zu den Vorjahreswerten weiter an. Einzig im ersten Quartal dieses Jahrs sankt das Importvolumen auf $7,8 Mrd. und somit unter den Vorjahreswert von $8,9 Mrd. (siehe Tabelle 13). Der Import von Produkten aus dem chinesischen Herstellungssektor fällt insgesamt zudem um 8,2% (siehe Statistik 7).

Insgesamt verbesserte sich die Handelsbilanz im Jahr 2018 nicht zu den Gunsten der USA. Hier ist allerdings anzuführen, dass die schwerwiegendsten amerikanische Zölle auf chinesische Produkte erst gegen Ende des Jahres 2018 in Kraft traten. Deshalb reagierte das Handelsdefizit auf die amerikanische Importzölle erst gegen Ende des Jahres durch eine Reduktion, ein Trend, der sich in den ersten drei Monaten des Jahres 2019 fortsetzte. Im Jahr 2019 wird sich dieser Trend, besonders angesichts einer weiteren Verschärfung des Konflikts durch eine Erhöhung des amerikanischen Zollsatzes von 10% auf 25% auf $200 Mrd. an chinesischen Produkten, vermutlich weiter fortsetzten.

Eine Verbesserung der Handelsbilanz mit China durch protektionistische Maßnahmen konnte somit mit zeitlicher Verzögerung erreicht werden.

5.2 Veränderungen in der Beschäftigung

Wie im obigen Kapitel „Das Beschäftigungsargument" ausgeführt, führt der Freihandel bei gleichen Austauschverhältnissen auf langer Sicht zu keiner Veränderung des Beschäftigungsniveaus, stattdessen erfahren beide beim Handel beteiligte Länder eine Verschiebung ihrer Arbeitskräfte in Sektoren mit komparativem Vorteil oder langfristig in den Import - oder Exportsektor. Es ist allerdings zu beachten, dass der Handel zwischen der USA und China nicht bei einem Austauschverhältnis von 1:1 stattfindet. Stattdessen importieren die USA mehr an chinesischen Gütern, als amerikanische Güter, die nach China exportiert werden, was sich in einem Handelsdefizit von -$375,2 Mrd. (siehe Statistik 2) niederschlägt. In der Theorie und unter der Annahme, dass sowohl im Export als auch im Import pro einer ME eines Guts dieselbe Anzahl der Beschäftigten benötigt werden, bedeutet dies, dass die USA durch den Import von Gütern aus China mehr Arbeitsplätze verlieren, als sie durch den Export nach China wiederbekommen.

Aus dem obigen Kapitel „Verbesserung der Handelsbilanz" geht hervor, dass es der USA gelang durch protektionistische Maßnahmen, in diesem Fall Importzölle, das Austauschverhältnis mit China durch eine Reduktion des Handelsdefizits zu ihren Gunsten zu verbessern. Der Mechanismus, dass die Inlandsproduktion in den USA durch Importzölle gegenüber dem Import von chinesischen Gütern attraktiver gemacht wird, was den Import aus China senkt und die Beschäftigung in den USA steigert, (siehe Kapitel „Die Wirkungsweise von Importzöllen auf die Preise und Wohlfahrt), ist eingetreten, womit die USA in der Theorie an Arbeitsplätze gewinnen. Außerdem könnte sich die Beschäftigung in einzelnen Sektoren, die von Importzölle auf chinesische Importe, namentlich auf chinesische Zwischenerzeugnisse und Konsumgüter, besonders geschützt wurden (siehe Kapitel „Veränderung der Handelsbilanz"), besonders erhöhen. Eine Studie der UCLA kommt zu dem Ergebnis, dass „die amerikanischen Zölle vor allem Industrien, angesiedelt im Mittleren Westen und im Nordosten, schützen" (vgl. Fajgelbaum, Pablo D. und Goldberg, Pinelopi K. 2018, S.28) und somit der dort angesiedelten Herstellungsindustrie, die durch billige Importe aus China in der Vergangenheit Arbeitsplätze verloren hatte (siehe Kapitel „die amerikanische Herstellungsindustrie"), nützen. Diese Hypothese wird zudem von den neuesten Arbeitsmarktziffern des „Bureau of Labor Statistics" und einer Studie des „Centre for Economic Policy Research" unterstützt. Erstere verzeichnet einen Anstieg der Beschäftigung in der Herstellungsindustrie auf 20.000 hinzugekomme Arbeitsplätze im letzten Jahr (U.S. Bureau of Labor statistics 2019), während letztere die Zahl der durch den Handelskonflikt entstehenden Arbeitsplätze in der Herstellungsindustrie auf 35.400 Arbeitsplätze beziffert (Weinstein, David; Amiti, Mary und Redding, Stephen J. 2019). Auch eine Studie des „Centre for Economic Analysis" unterstützt die obigen Zahlen: In den ersten sechs Monaten des Handelskonflikt sollen rund 0.07% mehr Arbeitsplätze in der amerikanischen Herstellungsindustrie geschaffen worden sein. Es ist anzumerken, dass sich diese Zahlen auf die Vorstufe des Handelskonflikts im März bis Juli 2018 beziehen, in der nur geringe Zölle auf den Herstellungssektor entfallen (siehe Statistik 6). Zudem stellt letztere Studie fest, dass der sich die Beschäftigung im amerikanischen Agrarsektor negativ entwickeln dürfte, da dessen Exporte unter chinesische Vergeltungszölle fallen.

Insgesamt gewinnt die USA durch den Handelskonflikt mit China Arbeitsplätze, da sich das Austauschverhältnis beim Außenhandel mit China sich zu den Gunsten der USA verändern ließ. Vereinzelte Sektoren, die von den Zöllen überproportional in Schutz genommen wurden, verzeichnen einen Anstieg in der Beschäftigung, während die Beschäftigung im amerikanischen Agrarsektor vermutlich zurückgeht. Für die Zukunft scheint es notwendig, die theorielastigen Ergebnisse dieses Kapitels durch umfassendere Forschungsarbeit zu belegen.

5.3 Auswirkungen auf die Wohlfahrt und Preise

Das obige Kapitel „Auswirkungen des Freihandels auf einen Importmarkt in Autarkie" demonstriert, wie der Freihandel zu Preissenkungen führen kann. Im Jahr 2000 vereinfachten die USA den Handel mit der chinesischen Volksrepublik, indem dem Reich der Mitte „Permanent Normal Trade Relations" gewährt wurden (Pierce, Justin R. und Schott, Peter K. 2015). Daraus resultierte ein Preisverfall in den USA, da Güter in China auf Grund von niedrigen Löhnen und einer Abundanz von Arbeitskräften billiger als in den USA hergestellt werden. Das Kapitel „Auswirkungen von Importzölle auf die Preise und Wohlfahrt" untersucht die ökonomischen Folgen, die eintreten, wenn ein Markt durch Importzölle gestört wird: Es kommt zu Preiserhöhungen für Konsumenten und Wohlfahrtsverlusten.

Dies wird im Folgenden durch drei Studien quantifiziert. Die erste Studie der „Yale University" bemisst die Auswirkungen des Handelskonflikts auf Grund von höheren Preisen für amerikanische Konsumenten auf einen Verlust in der Konsumentenrente von $68.8 Mrd. jährlich, der sich unter Einrechnung höherer Staatseinnahmen und Gewinnen in der Produzentenrente in Höhe von $21,6 Mrd., unter dem Strich auf einen Wohlfahrtsverlust von $7.8 Milliarden jährlich beläuft (Fajgelbaum, Pablo D. und Goldberg, Pinelopi K. 2018).

Die zweite Studie des „Centres for Economic Policy Research" unterstützt die Ergebnisse der ersten Studie. Insgesamt wird ein Gesamtwohlfahrtsverlust von $6.9 Mrd. in den ersten 11 Monaten des Jahres 2018 festgestellt, kombiniert mit Verlusten von Konsumenten und Unternehmen in Höhe von $12.3 Mrd. in Form von Zollerträgen an den Staat. Weiterhin soll der monatliche Wohlfahrtverlust alleine im November 2018 bereits $1.4 Mrd. erreicht haben. Außerdem stellt die Studie erhebliche Anpassungen an internationalen Lieferketten fest: Um die Zölle zu vermeiden wurden $165 Mrd. an Gütern, $136 Mrd. dabei an Importen und $29 Mrd. an Exporten, nicht eingeführt oder umgeleitet. Zudem stellen die Forscher fest, dass die Zölle fast vollständig die Preise für Konsumenten erhöht haben und somit nur geringe Auswirkungen auf die Erträge der Exporteure, in diesem Fall hauptsächlich aus China stammend, haben (Weinstein, David; Amiti, Mary und Redding, Stephen J. 2019).

Eine letzte Studie des „Center for Global Trade Analysis" wurde vor der Eskalation des Handelskonflikts im September des Jahres 2018 angefertigt (siehe Kapitel „Die Eskalation des Handelskonflikts"), weshalb es das Ziel der Studie ist, den weiteren Verlauf des Handelskonflikts und dessen Auswirkungen zu einzuschätzen. Die Forscher entwickeln hierzu vier Szenarien (siehe Grafik 7), wobei ersteres, beschrieben als „Konflikt der Wörter", die geringsten und letzteres, beschrieben als „zunehmende Anzeichen eines Handelskonflikts", die größten Ausmaße hat. Die Studie kommt schlussendlich zu folgendem Ergebnis:

Die Vereinigten Staaten konnten ihre Wohlfahrt geringfügig durch Zölle auf Stahl und Aluminium, sowie auf chinesische Produkte aus dem Herstellungssektor, steigern. Hier entstehen zudem Staatseinnahmen. Durch chinesische Vergeltungszölle auf amerikanische Agrarerzeugnisse und einen Wohlfahrtsverlust durch höhere Importpreise verliert die USA jedoch insgesamt an Wohlfahrt (Goncalves, Samo; Escobar, Andres; Tsowou, Komi; Angioloni, Simone; Soon, Byung M. und Carreiro, J. 2018)

Die USA erleidet somit durch den Handelskonflikt einen Wohlfahrtsverlust und es kommt zu höheren Preisen für Konsumenten.

6 Würdigung

„Trade wars are good, and easy to win" – eine Aussage die zumindest nach Donald J. Trump, dem Präsidenten der Vereinigten Staaten, zutrifft. Dieser führte sein Land nach seiner Wahl im Schicksalsjahr 2016 auf direkten Konfrontationskurs mit der chinesischen Volksrepublik, und schlug somit einen drastischen Kurswechsel im Weißen Haus ein, welches im Umgang mit China zuvor eine indirektere Vorgehensweise an den Tag legte. Ob sein Vorgehen dabei gerechtfertigt war, schließlich steht das Reich der Mitte auch international für seine Handelspolitik in der Kritik, ist nicht Gegenstand dieser Arbeit. Aber eines steht jedoch fest: Seitdem sich die Volksrepublik weitergehend liberalisierte und sich der Handel zwischen den beiden Großmächten intensivierte, wurde ihre Handelsbeziehung durch vergangene Dispute getrübt. Spannung entstand zusätzlich durch die klaffende Handelsbilanz der Amerikaner und schwerwiegende Vorwürfe aus den Staaten: Die „unfairen" Handelspraktiken der Chinesen sollen zu Beschäftigungsrückgängen in Amerika führen! Dies mündete letztendlich in der Wahl der Person Donald J. Trumps als POTUS, dessen Agenda schlussendlich zum Handelskonflikt führte. Hier knüpft die Leitfrage dieser Arbeit an: Gelingt es der USA aus dem Handelskonflikt einen wirtschaftlichen Vorteil zuschlagen? Betrachten wir die Handelsbilanz, stellen wir fest, dass es der USA gelang durch protektionistische Maßnahmen das Handelsdefizit zu reduzieren. Unter dem Gesichtspunkt, dass sich das Handelsdefizit mit China reduzieren ließ, dürfte sich die Beschäftigung erhöht haben. Einzelne Sektoren, darunter vor allem der Herstellungssektor, erfahren eine besonders positive Entwicklung der Beschäftigung, da sie stark von Zöllen in Schutz genommen werden. Gleichermaßen entfallen auf den amerikanischen Agrarsektor besonders viele chinesische Vergeltungszölle, weshalb sich die Beschäftigung in diesem negativ entwickeln dürfte. Insgesamt gewinnt die USA durch den Handelskonflikt Arbeitsplätze, auf Grund des dennoch großen Handelsdefizits, das nicht komplett reduziert werden konnten, verliert sie weiterhin Arbeitsplätze. Betrachten wir die Auswirkungen des Handelskonflikts auf die Wohlfahrt und die Preise, stellen wir fest, dass der Handelskonflikt negative Auswirkungen auf sowohl die Wohlfahrt als auch die Preise hat. Der Gesamtwohlfahrtsverlust beträgt dabei zwischen 7,527 und 7,8 Mrd. Dollar jährlich und die Zölle übertragen sich fast direkt in höhere Preise für Konsumenten. Von größter Wichtigkeit ist dabei, dass amerikanische Unternehmen in ihrer internationalen Wettbewerbsfähigkeit von den billigen Preisen der chinesischen Anbieter abhängig sind. Diese Wettbewerbsfähigkeit könnte leiden, wenn letztere ihre internationalen Lieferketten umleiten oder gar keine Güter mehr in die Vereinigten Staaten einführen.

Betrachten wir also die wirtschaftlichen Auswirkungen des Handelskonflikts, lässt sich folgendes Urteil bilden: Die sino-amerikanische Handelskonflikt sorgt in der USA für Wohlfahrtsverluste, höhere Preise, das Handelsdefizit konnte reduziert, aber nicht eingedämmt werden und die Beschäftigung erhöht sich durch den Handelskonflikt theoretisch. Letzteres muss noch mit empirischen Studien bestätigt werden. Der Handelskonflikt ist somit aktuell als „Negativgeschäft" einzustufen: Die amerikanischen Konsumenten bezahlen höhere Preise für eine höhere Beschäftigung. Negativ sind auch die chinesischen Vergeltungszölle: Unter den ersten Leidtragenden sind hierbei vor allem amerikanische Farmer, deren wirtschaftlicher Verlust vorerst von der US-Regierung mit Zuschüssen in Höhe von $12 Mrd. eingedämmt wurde.

7 Anhang

Statistik 1: Wirtschaftswachstum in China (jährliche Angaben in %)

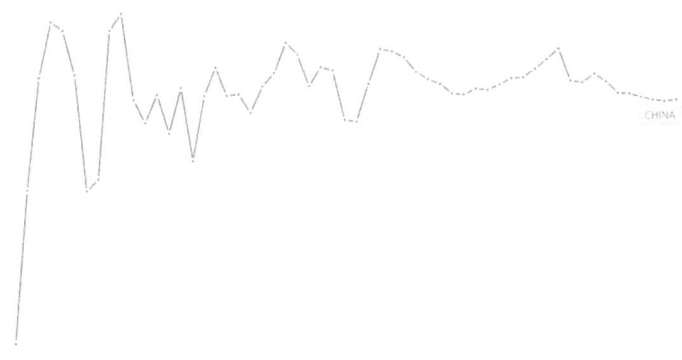

Entnommen: Worldbank (2019): GDP growth annually.

URL: https://data.worldbank.org/indicator/NY.GDP.MKTP.KD.ZG - Download vom

01.06.2019

Statistik 2: Sino-amerikanische Handelsbilanz (Angaben in Mrd. US-Dollar)

Entnommen: Statista (2019): Handel zwischen USA und China hat Tradition. US-

Handelsbeziehungen mit China von 1980 bis 2017. URL:

https://de.statista.com/infografik/13440/us-handelsbeziehung-mit-china-1980-bis-2017/ -

Download vom 01.06.2019.

Statistik 3: Arbeitslosenrate der USA (Angaben in % der gesamten
Arbeiterschaft)

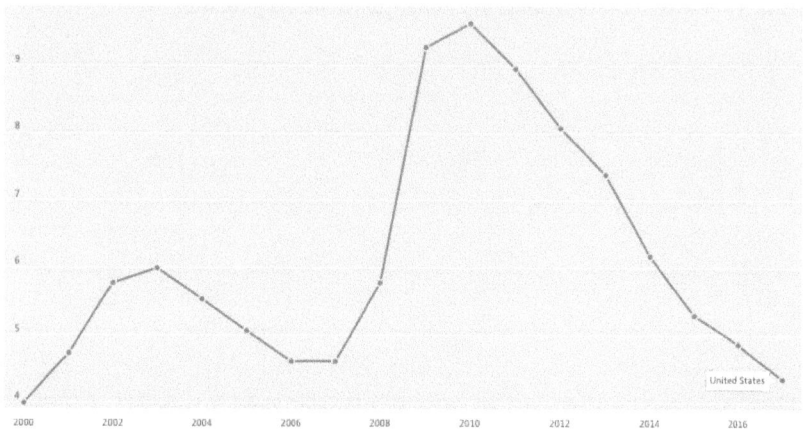

Entnommen: OECD (2019): Unemployment rate.

URL: https://data.oecd.org/unemp/unemployment-rate.htm - Download vom 22.05.2019.

Statistik 4: Beschäftigung in der amerikanischen Herstellungsindustrie 1960-2011
(Angaben in Millionen)

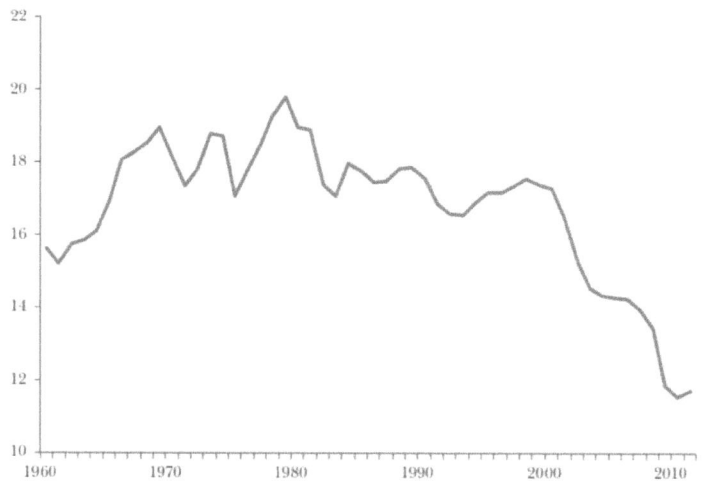

Entnommen: Pierce, Justin R. und Schott, Peter K. (2016): The Surprisingly Swift Decline of
U.S. Manufacturing Employment.

URL: https://www.federalreserve.gov/pubs/feds/2014/201404/201404pap.pdf - Download
vom 22.05.2019.

Statistik 5: Durchschnittlicher Zollsatz während dem bisherigen Handelskonflikt (Angaben in %)

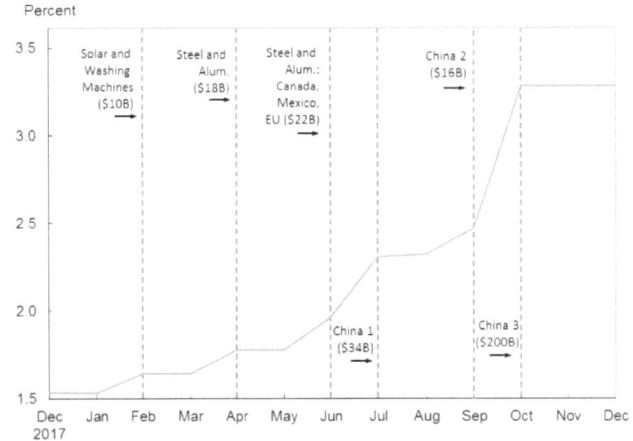

Entnommen: Weinstein, David; Amiti, Mary; Redding, Stephen J. (2019): The Impact of the 2018 Trade War on U.S. Prices and Welfare. URL: https://www.nber.org/papers/w25672.pdf - Download vom 04.06.2019.

Statistik 6: Veränderung der Beschäftigung im Herstellungssektor (Angaben in %, relativ zur Basislinie)

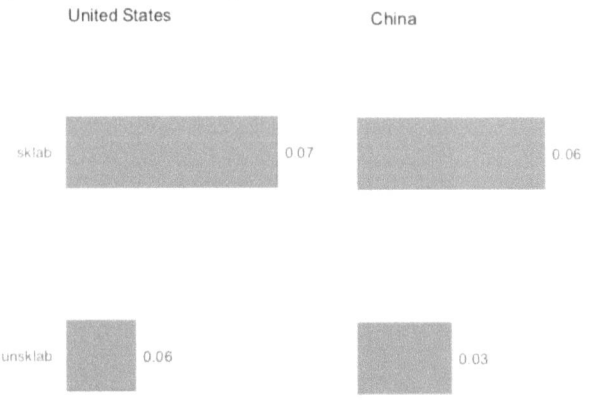

Entnommen: Goncalves, Samo; Escobar, Andres; Tsowou, Komi; Angioloni, Simone; Soon, Byung M. und Carreiro, Joana (2018): US – China trade war. Impact assessment. URL: https://www.gtap.agecon.purdue.edu/events/Short_Courses/2018/documents/Trade.pdf - Download vom 27.05.2019.

Statistik 6: Import von chinesischen Produkten aus dem Herstellungssektor fällt um 8,2% (Angaben in %, relativ zur Basislinie)

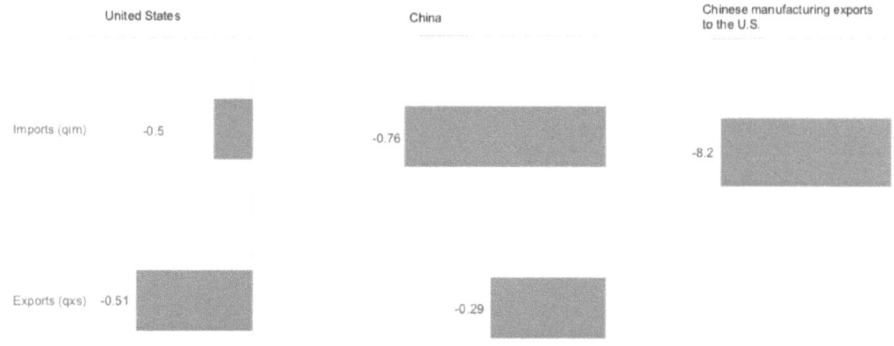

Entnommen: Goncalves, Samo; Escobar, Andres; Tsowou, Komi; Angioloni, Simone; Soon, Byung M. und Carreiro, Joana (2018): US – China trade war. Impact assessment. URL: https://www.gtap.agecon.purdue.edu/events/Short_Courses/2018/documents/Trade.pdf - Download vom 27.05.2019.

7 Anhang

Tabelle 1: Produktion zweier Güter im Ausland/Inland mit 100 AE pro Periode

Ausland	Ausland	Inland	Inland
Stahl	Weizen	Stahl	Weizen
12 ME	0 ME	16 ME	0 ME
0 ME	24 ME	0 ME	10 ME

Entnommen: Lüpertz, Viktor: Volkswirtschaftliches Handeln. Strukturen-Probleme-Maßnahmen. 5. Auflage. Winklers, Braunschweig 2016.

Tabelle 2: Gesamtproduktion in Autarkie

Land Gut	Ausland	Inland	Gesamtproduktion
Stahl	4 ME	8 ME	12 ME
Weizen	16 ME	5 ME	21 ME

Entnommen: Lüpertz, Viktor: Volkswirtschaftliches Handeln. Strukturen-Probleme-Maßnahmen. 5. Auflage. Winklers, Braunschweig 2016.

Tabelle 3: Gesamtproduktion nach internationaler Arbeitsteilung

Land Gut	Ausland	Inland	Gesamtproduktion
Stahl	0 ME	16 ME	16 ME
Weizen	24 ME	0 ME	24 ME

Entnommen: Lüpertz, Viktor: Volkswirtschaftliches Handeln. Strukturen-Probleme-Maßnahmen. 5. Auflage. Winklers, Braunschweig 2016.

Tabelle 4: Angepasste Produktion zweier Güter im Ausland/Inland mit 100 AE pro Periode

Ausland	Ausland	Inland	Inland
Stahl	Weizen	Stahl	Weizen
18 ME	0 ME	16 ME	0 ME
0 ME	24 ME	0 ME	10 ME

Entnommen: Lüpertz, Viktor: Volkswirtschaftliches Handeln. Strukturen-Probleme-Maßnahmen. 5. Auflage. Winklers, Braunschweig 2016.

Tabelle 5: Opportunitätskosten (Verzichtskosten) für Weizen/Stahl im Inland/Ausland

Land — Kosten der Güter	Ausland	Inland
Für 1 ME Stahl	$\dfrac{\text{Verzicht auf Weizen}}{\text{Mehrproduktion an Stahl}} = \dfrac{24\,ME}{18\,ME} = 1{,}33$	$\dfrac{\text{Verzicht auf Weizen}}{\text{Mehrproduktion an Stahl}} = \dfrac{10\,ME}{16\,ME} = 0{,}625$
Für 1 ME Weizen	$\dfrac{\text{Verzicht auf Stahl}}{\text{Mehrproduktion von Weizen}} = \dfrac{18\,ME}{24\,ME} = 0{,}75$	$\dfrac{\text{Verzicht auf Stahl}}{\text{Mehrproduktion von Weizen}} = \dfrac{16\,ME}{10\,ME} = 1{,}6$

Entnommen: Lüpertz, Viktor: Volkswirtschaftliches Handeln. Strukturen-Probleme-Maßnahmen. 5. Auflage. Winklers, Braunschweig 2016.

Tabelle 6: Gesamtproduktion in Autarkie

Land — Gut	Ausland	Inland	Gesamtproduktion
Stahl	6 ME	8 ME	14 ME
Weizen	16 ME	5 ME	21 ME

Entnommen: Lüpertz, Viktor: Volkswirtschaftliches Handeln. Strukturen-Probleme-Maßnahmen. 5. Auflage. Winklers, Braunschweig 2016.

Tabelle 7: Gesamtproduktion nach internationaler Arbeitsteilung

Land / Gut	Ausland	Inland	Gesamtproduktion
Stahl	0 ME	16 ME	16 ME
Weizen	24 ME	0 ME	24 ME

Entnommen: Lüpertz, Viktor: Volkswirtschaftliches Handeln. Strukturen-Probleme-Maßnahmen. 5. Auflage. Winklers, Braunschweig 2016.

Tabelle 8: Wohlfahrtsänderungen durch den Übergang von Autarkie zum Freihandel

	Autarkie	mit Freihandel	Unterschied
Konsumentenrente	A1= 400 Mio. €	A1+A2+A3= 1.225 Mio. €	+825 Mio. €
Produzentenrente	A2+A3= 400 Mio. €	A3= 25 Mio. €	-375 Mio. €
Gesamtwohlfahrt	A1+A2+A3= 800 Mio. €	A1+A2+A3+A4= 1.250 Mio. €	+450 Mio. €

Entnommen: Lüpertz, Viktor: Volkswirtschaftliches Handeln. Strukturen-Probleme-Maßnahmen. 5. Auflage. Winklers, Braunschweig 2016.

Tabelle 9: Wohlfahrtsänderung durch den Übergang vom Freihandel zum Protektionismus (Einsatz des Importzolls)

	Freihandel	Außenhandel mit Zoll	Unterschied
Konsumentenrente	1,225 Mio. €	A1+A4= 625 Mio. €	-600 Mio. €
Produzentenrente	25 Mio. €	A2+A3= 225 Mio. €	+200 Mio. €
Staatseinahmen	-	A6= 200 Mio. €	+200 Mio. €
Gesamtwohlfahrt	1,250 Mio. €	1.050 Mio. €	-200 Mio. €

Entnommen: Lüpertz, Viktor: Volkswirtschaftliches Handeln. Strukturen-Probleme-Maßnahmen. 5. Auflage. Winklers, Braunschweig 2016.

Tabelle 10: Liste der Liefermärkte für ein von den Vereinigten Staaten von Amerika importiertes Produkt (Angaben in tausend US Dollar)

Produkt 85: Elektrische Maschinen und Geräte, sowie Teile davon; Tonaufzeichnungs und Wiedergabegeräte, Fernseher, sowie Teile und Zubehör solcher Artikel

Exporters	Imported value in 2016-Q4	Imported value in 2017-Q1	Imported value in 2017-Q2	Imported value in 2017-Q3	Imported value in 2017-Q4	Imported value in 2018-Q1	Imported value in 2018-Q2	Imported value in 2018-Q3	Imported value in 2018-Q4	Imported value in 2019-Q1
World	92,667,345	79,101,595	86,010,597	89,842,364	101,829,148	84,650,992	87,764,216	95,613,045	99,022,883	82,360,948
China	39,904,923	30,350,810	34,034,537	37,940,130	47,703,953	35,132,259	34,830,454	40,605,880	45,315,629	28,687,094
Mexico	16,357,385	14,683,110	15,259,233	15,855,383	16,379,619	14,627,801	16,169,347	16,883,592	16,237,994	14,947,628
Viet Nam	2,762,209	2,153,868	3,485,909	2,444,965	2,983,783	2,786,920	2,252,818	3,271,056	2,835,911	5,849,903
Malaysia	6,385,985	5,780,387	6,203,318	6,178,725	6,586,186	5,945,352	6,550,749	6,599,207	6,438,464	5,698,866
Japan	4,379,216	4,484,382	4,297,165	4,350,642	4,364,082	4,191,914	4,442,419	4,452,824	4,994,813	4,011,732
Korea, Republic of	3,981,888	3,371,946	3,742,413	3,873,224	4,282,291	3,497,298	3,629,040	3,646,457	3,292,881	3,971,457
Taipei, Chinese	3,644,900	3,248,740	3,671,763	3,750,896	3,671,955	3,327,293	3,626,582	3,610,346	3,849,181	3,747,750
Canada	1,843,637	1,860,292	1,922,657	1,880,755	1,964,703	1,931,160	2,004,300	2,081,184	1,987,677	2,406,561
Germany	1,918,833	1,936,970	1,982,318	2,186,603	2,208,267	2,182,932	2,256,967	2,281,651	2,235,361	2,130,181
Thailand	2,173,469	1,955,119	2,285,778	2,178,481	2,192,621	1,906,730	2,110,343	2,142,138	1,857,722	1,727,554

Tabelle 11: Liste der Liefermärkte für ein von den Vereinigten Staaten von Amerika importiertes Produkt (Angaben in tausend US Dollar)

Produkt 84: Maschinen, mechanische Geräte, Kernreaktoren, Kessel; Teile davon

Exporters	Imported value in 2016-Q4	Imported value in 2017-Q1	Imported value in 2017-Q2	Imported value in 2017-Q3	Imported value in 2017-Q4	Imported value in 2018-Q1	Imported value in 2018-Q2	Imported value in 2018-Q3	Imported value in 2018-Q4	Imported value in 2019-Q1
World	80,436,734	78,421,452	88,914,610	89,473,273	92,295,880	89,685,111	99,469,925	98,483,630	98,754,252	91,607,571
China	26,407,902	23,912,655	28,874,253	29,853,888	29,761,093	27,896,646	31,479,330	31,639,480	28,756,376	22,404,203
Mexico	12,450,925	12,472,715	13,998,125	13,702,654	14,156,391	14,796,668	16,957,606	15,821,668	16,242,916	15,787,950
Japan	7,687,890	7,657,054	8,112,121	7,876,303	8,060,676	8,075,662	8,345,310	8,014,571	8,594,252	8,699,728
Germany	5,608,063	5,734,269	6,316,979	6,261,099	6,639,522	6,636,272	7,026,475	7,222,437	6,886,259	6,852,697
Canada	4,803,356	5,029,973	5,464,027	5,372,218	5,664,265	5,497,923	6,049,046	6,016,036	6,000,427	5,866,584
Korea, Republic of	2,773,736	2,756,737	3,417,055	3,310,373	3,385,382	3,167,578	3,955,263	3,853,525	4,771,260	4,110,324

Tabelle 12: Liste der Liefermärkte für ein von den Vereinigten Staaten von Amerika importiertes Produkt (Angaben in tausend US Dollar)

Produkt 61: Bekleidungsartikel und Bekleidungszubehör, gestrickt oder gehäkelt

Exporters	Imported value in 2016-Q4	Imported value in 2017-Q1	Imported value in 2017-Q2	Imported value in 2017-Q3	Imported value in 2017-Q4	Imported value in 2018-Q1	Imported value in 2018-Q2	Imported value in 2018-Q3	Imported value in 2018-Q4	Imported value in 2019-Q1
World	11,312,107	9,956,542	10,184,040	13,963,155	11,680,509	10,302,562	10,479,700	14,545,834	12,416,931	10,934,717
China	3,870,662	2,797,899	2,955,331	5,231,668	3,906,058	2,921,082	2,840,497	5,390,758	4,242,784	2,963,767
Viet Nam	1,689,460	1,570,450	1,581,558	2,029,027	1,815,139	1,631,183	1,715,736	2,136,027	1,915,406	1,841,644
Indonesia	628,541	598,953	592,347	666,427	600,082	570,457	599,444	630,411	598,063	589,621
India	388,697	452,616	429,655	443,789	409,388	458,333	480,273	500,624	440,992	532,615
Honduras	535,751	470,053	557,813	602,998	491,685	471,984	544,425	623,265	596,290	522,892
Cambodia	386,314	376,592	332,161	525,439	420,580	427,921	394,067	583,301	471,648	463,046

Entnommen: ITC (2019): Trade map. International Trade statistics. URL: https://www.trademap.org/tradestat/Country_SelCountry_MQ_TS.aspx?nvpm=1%7c%7c%7c%7c%7c61%7c%7c%7c%7c2%7c1%7c1%7c1%7c2%7c3%7c2%7c1%7c – Download vom 22.05.2019.

Tabelle 13: Liste der Liefermärkte für ein von den Vereinigten Staaten von Amerika importiertes Produkt (Angaben in tausend US Dollar)

Produkt 94: Möbel; Bettwäsche, Matratzen, Matratzenstützen, Kissen und ähnliche gefüllte Möbel; Lampen und Leuchten

Exporters	Imported value in 2016-Q4	Imported value in 2017-Q1	Imported value in 2017-Q2	Imported value in 2017-Q3	Imported value in 2017-Q4	Imported value in 2018-Q1	Imported value in 2018-Q2	Imported value in 2018-Q3	Imported value in 2018-Q4	Imported value in 2019-Q1
World	16,137,010	15,784,364	17,305,163	17,088,465	17,051,734	17,100,544	17,661,266	18,245,109	19,106,604	16,424,008
China	8,134,987	8,023,130	9,034,324	8,953,839	8,822,620	8,918,556	9,156,164	9,666,999	10,345,139	7,813,893
Mexico	2,809,397	2,762,548	2,791,635	2,686,630	2,710,545	2,773,502	2,851,668	2,756,168	2,744,364	2,681,094
Viet Nam	1,276,770	1,235,943	1,322,852	1,316,310	1,442,153	1,336,002	1,314,331	1,476,583	1,663,530	1,681,443
Canada	1,222,733	1,156,415	1,290,111	1,223,598	1,182,962	1,157,780	1,253,715	1,295,848	1,292,405	1,263,177
Italy	317,906	288,631	341,672	336,811	339,995	339,040	380,505	384,575	358,648	350,264
Taipei, Chinese	282,285	294,445	323,681	307,946	306,879	292,157	287,724	302,467	316,543	310,822
Malaysia	248,072	250,110	242,701	255,772	274,451	265,492	257,687	262,208	283,227	298,975
Indonesia	184,159	216,291	203,737	190,652	208,431	233,308	234,228	202,277	235,250	249,543
India	197,965	192,108	204,894	212,014	233,299	237,663	228,308	258,967	252,557	246,456
Germany	197,060	180,206	208,135	242,420	231,892	232,334	252,483	242,835	233,807	223,391

Entnommen: ITC (2019): Trade map. International Trade statistics. URL: https://www.trademap.org/tradestat/Country_SelCountry_MQ_TS.aspx?nvpm=1%7c%7c%7c%7c%7c61%7c%7c%7c%7c2%7c1%7c1%7c1%7c2%7c3%7c2%7c1%7c – Download vom 22.05.2019.

Tabelle 14: Wohlfahrtsveränderungen durch chinesische Vergeltungszölle auf amerikanische Agrarerzeugnisse (Angaben in absoluten Zahlen)

WELFARE	1 alloc_A1	2 endw_B1	3 tech_C1	4 pop_D1	5 tot_E1	6 IS_F1	7 pref_G1	Total
1 USA	-9.32	0	0	0	-274.57	-93.88	0	-377.78
2 can	4.91	0	0	0	33.68	1.46	0	40.05
3 mex	-0.88	0	0	0	17.58	1.09	0	17.79
4 arg	1.7	0	0	0	4.74	-0.02	0	6.41
5 bra	4.12	0	0	0	27.23	4.89	0	36.24
6 RoAmerica	4.58	0	0	0	17.47	2.55	0	24.6
7 CHINA	-342.85	0	0	0	36.65	35.88	0	-270.32
8 jpn	0.4	0	0	0	10.23	2.8	0	13.43
9 RoEA	2.82	0	0	0	3.46	5.08	0	11.36
10 ind	-0.15	0	0	0	3.31	4	0	7.16
11 RSAsia	1.49	0	0	0	17.32	5.2	0	24
12 MENA	0.66	0	0	0	0.86	7.85	0	9.37
13 ROAfrica	1.06	0	0	0	5.96	1.99	0	9.01
14 FSU	-2.72	0	0	0	0.72	4.62	0	2.62
15 OCE	2.47	0	0	0	7.29	2.35	0	12.11
16 EU_28	13.64	0	0	0	88.17	12.02	0	113.82
17 OEurope	0.62	0	0	0	-0.23	2.08	0	2.48
Total	-317.46	0	0	0	-0.15	-0.04	0	-317.65

Entnommen: Goncalves, Samo; Escobar, Andres; Tsowou, Komi; Angioloni, Simone; Soon, Byung M. und Carreiro, Joana (2018): US – China trade war. Impact assessment. URL: https://www.gtap.agecon.purdue.edu/events/Short_Courses/2018/documents/Trade.pdf - Download vom 27.05.2019.

7 Anhang

Grafik 1: Produktionsmöglichkeitskurve im Ausland

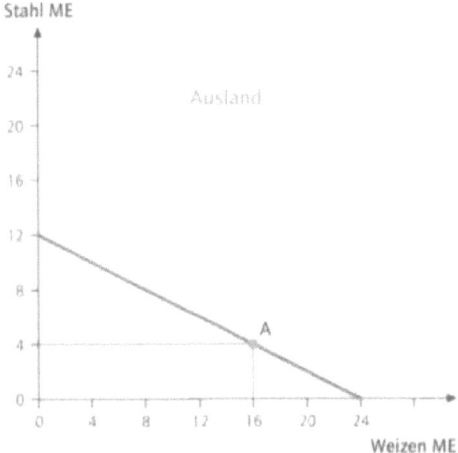

Entnommen: Lüpertz, Viktor: Volkswirtschaftliches Handeln. Strukturen-Probleme-Maßnahmen. 5. Auflage. Winklers, Braunschweig 2016.

Grafik 2: Produktionsmöglichkeitskurve im Inland

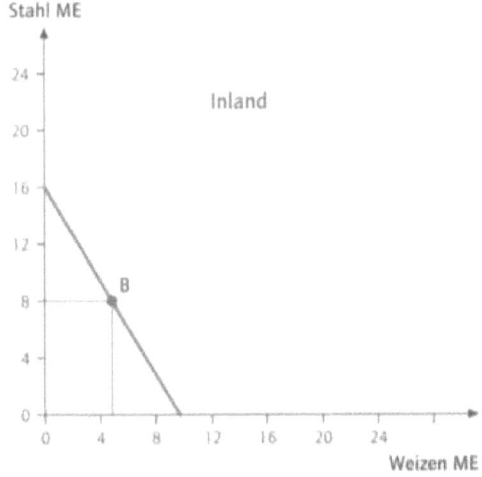

Entnommen: Lüpertz, Viktor: Volkswirtschaftliches Handeln. Strukturen-Probleme-Maßnahmen. 5. Auflage. Winklers, Braunschweig 2016.

Grafik 3: Produktionsmöglichkeitskurve im Ausland

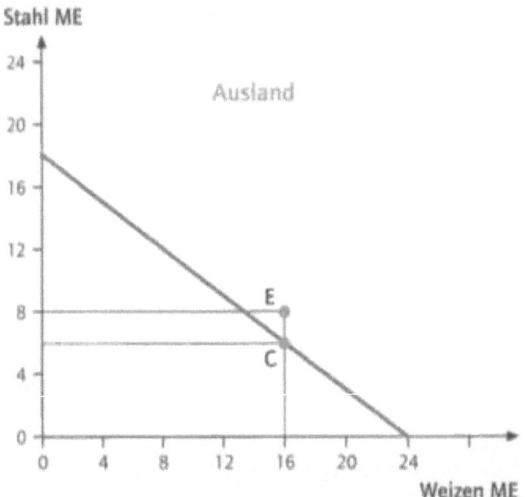

Entnommen: Lüpertz, Viktor: Volkswirtschaftliches Handeln. Strukturen-Probleme-Maßnahmen. 5. Auflage. Winklers, Braunschweig 2016.

Grafik 4: Produktionsmöglichkeitskurve im Inland

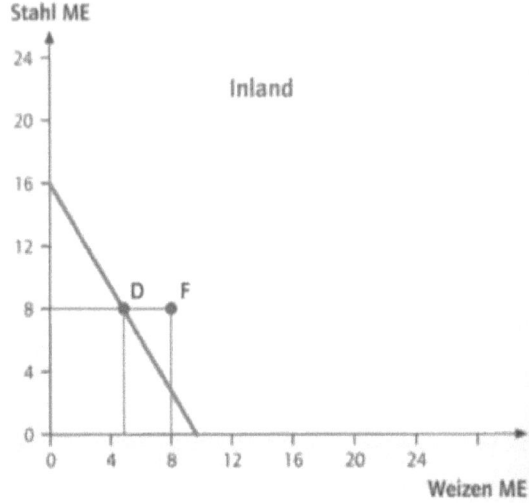

Entnommen: Lüpertz, Viktor: Volkswirtschaftliches Handeln. Strukturen-Probleme-Maßnahmen. 5. Auflage. Winklers, Braunschweig 2016.

Grafik 5: Die Auswirkungen des Freihandels auf einen Importmarkt in Autarkie

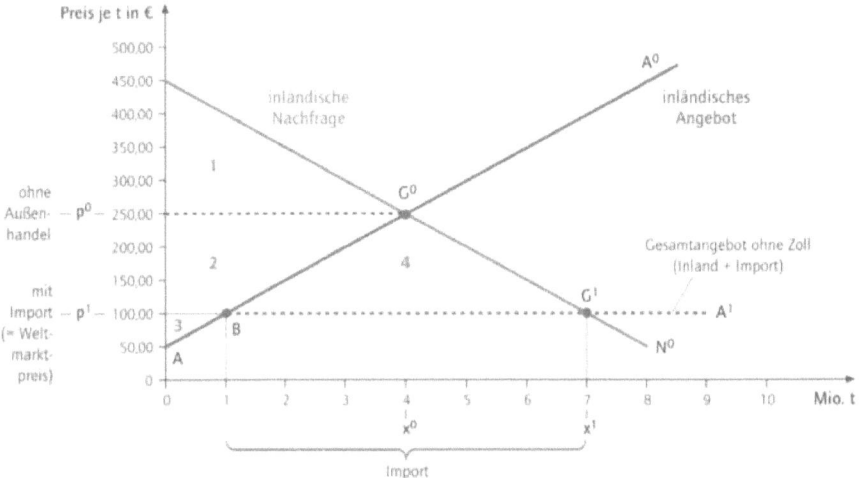

Entnommen: Lüpertz, Viktor: Volkswirtschaftliches Handeln. Strukturen-Probleme-
Maßnahmen. 5. Auflage. Winklers, Braunschweig 2016.

Grafik 6: Die Wirkungsweise von Importzöllen auf die Preise und Wohlfahrt

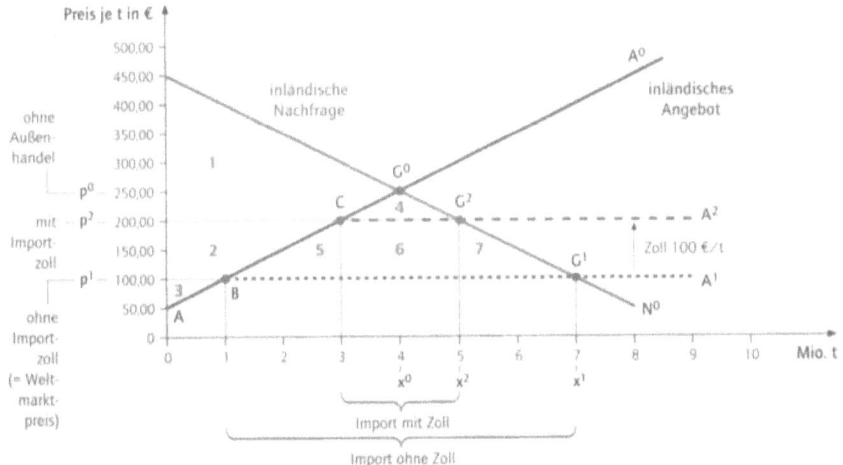

Entnommen: Lüpertz, Viktor: Volkswirtschaftliches Handeln. Strukturen-Probleme-
Maßnahmen. 5. Auflage. Winklers, Braunschweig 2016.

Grafik 7: mögliche Szenarien für den Verlauf des Handelskonflikts

Scenario	Scenario description	Additional tariff rates
1. US tariffs on Chinese steel and aluminum imports (Section 232)	• US implements a 25% additional tariff rate on Chinese steel imports • US levies a 10% additional tariff rate on Chinese aluminum imports • Tariff rates on other countries under section 232 have been omitted	• 0.007% increase on Chinese manufacturing imports (mfg)

2. Chinese retaliatory tariffs on selected US agriculture products (Section 232)	• China retaliates against 128 US export products with tariff rates of either 15% or 25%
	• Product list contains mainly agriculture products and a few manufacturing products
		• Tariff increases of up to 25% on selected products
		  • Other meat products (omt): 25%
		  • Vegetables and fruits (v_f): 15%
		  • Beverages and tobacco (b_t): 15%
		  • Manufacturing (mfg): 0.0023%

3. US retaliatory tariffs on selected Chinese manufacturing products (Section 301)	• US retaliates by increasing the tariff rates of 25% on selected manufacturing products from China.	• New increase of tariff from Chinese manufacturing equal to 1.6C7% (scenario 1 + Scenario 3)

4. Chinese retaliatory tariffs on selected US agriculture and manufacturing products (Section 301)	• China retaliates against US under section 301 with mainly 25% tariff on agriculture products	• Tariff increases of up to 25% on selected products
		  • Other meat products (omt): 25%
		  • Cattle meat (cmt): 25%
		  • Paddy rice (pdr): 25%
		  • Wheat (wht): 25%
		  • Oil seeds (osd): 25%
		  • Grains (gro): 25%
		  • Manufacturing (mfg): 2.66%

Entnommen: Goncalves, Samo; Escobar, Andres; Tsowou, Komi; Angioloni, Simone; Soon, Byung M. und Carreiro, Joana (2018): US – China trade war. Impact assessment. URL: https://www.gtap.agecon.purdue.edu/events/Short_Courses/2018/documents/Trade.pdf - Download vom 27.05.2019.

7 Anhang

Formel 1: Opportunitätskosten (Verzichtskosten)

$$Opportunit\text{ä}tskosten = \frac{Verzicht\ auf\ Produktion\ von\ Gut\ A}{Mehrproduktion\ von\ Gut\ B}$$

Formel 2: Terms of Trade

$$Terms\ of\ Trade = \frac{Importmenge}{Exportmenge}$$

7 Quellenverzeichnis

Transkript 1: President Donald Trump sits down with CNBC's Joe Kernen

…

KERNEN: Let me just mention one thing. Yesterday we had our Delivering Alpha Conference, CNBC. Bannon, Steve Bannon, spoke and he was talking about China. And he said some very positive things, by the way, about your presidency.

PRESIDENT TRUMP: He should.

KERNEN: Said, "For the first time in decades we're winning against China, they're so scared they don't know what to do." And Kudlow at this point was on as well, who said, "The guy that may be holding things up is President Xi at this point."

PRESIDENT TRUMP: Yeah. I don't want them to be scared. I want them to do well. I really like President Xi a lot, but it was very unfair, so I raised 50. We're down 500. Now some people would say $375 billion. I'm not talking about million. I'm not talking about pennies. I'm talking about – we're down $375 billion, but other estimates could say 507, it doesn't matter. So it's in between there, or it's there. We're down a tremendous amount. I raised 50, and they matched us. I said, "You don't match us. You can't match us because otherwise we're always going to be behind the 8-ball."

KERNEN: Would you ever get to 500, though? We've got the –

PRESIDENT TRUMP: I'm ready to go to 500.

…

Entnommen:
Consumer News and Business Channel CNBC (hrsg.), 2018. Letzte Aktualisierung: 20.07.18. URL: https://www.cnbc.com/2018/07/20/cnbc-transcript-president-donald-trump-sits-down-with-cnbcs-joe-kern.html - Download vom 27.05.2019.

8 Literaturverzeichnis

Autor unbekannt oder o.V. I: Das Defizit wird größer, nicht kleiner. Letzte Aktualisierung: 06.03.2019. URL: https://www.tagesschau.de/wirtschaft/usa-handelsdefizit-101.html - Download vom 22.05.2019.

Autor unbekannt oder o.V. II: Trump entschädigt US-Bauern. Letzte Aktualisierung: 24.07.2018. URL: https://www.tagesschau.de/wirtschaft/us-regierung-plant-hilfen-fuer-bauern-101.html - Download vom 27.05.2019.

Bender, Dieter: Außenhandel. In: Vahlen, Franz (hrsg.): Vahlens Kompedium der Wirtschaftstheorie und Wirtschaftspolitik. 7. Auflage, München: Verlag Franz Vahlen GMBH 1999, S. 455-518.

Bosworth, Barry P. und Baily, Martin Neil (2014): US Manufacturing. Understanding Its Past and Its Potential Future. URL: https://pubs.aeaweb.org/doi/pdfplus/10.1257/jep.28.1.3 - Download vom 04.06.2019.

Bown, Chap P. und Kolb, Melina (2018): Trump's Trade War Timeline. An Up-To-Date Guide. Peterson Institute for International Economics. URL: https://piie.com/system/files/documents/trump-trade-war-timeline.pdf - Download vom 04.06.2019.

De Luna Martinez, Jose (2002): Globalisierung und Finanzkrisen. Lehren aus Mexico und Südkorea. URL: https://refubium.fu-berlin.de/handle/fub188/65 - Download vom 22.05.2019.

Fajgelbaum, Pablo D. und Goldberg, Pinelopi K. (2018): The Return to Protectionism. URL: https://www.nber.org/papers/w25638.pdf - Download vom 04.06.2019.

Généreux, Francis (2017): Protectionism. A brake on economic growth. URL: https://www.desjardins.com/ressources/pdf/pv170217-e.pdf - Download vom 22.05.2019.

Goncalves, Samo; Escobar, Andres; Tsowou, Komi; Angioloni, Simone; Soon, Byung M. und Carreiro, Joana (2018): US – China trade war. Impact assessment.
URL: https://www.gtap.agecon.purdue.edu/events/Short_Courses/2018/documents/Trade.pdf - Download vom 27.05.2019.

Gregosz, David und Walter, Benedikt (2013): Die transatlantische Wirtschaftspartnerschaft. Dynamik durch vertieften Handel?
URL: https://www.kas.de/c/document_library/get_file?uuid=675029e2-076a-1d4e-d740-f7deaab94e41&groupId=252038 – Download vom 04. 06. 2019.

Lüpertz, Viktor: Volkswirtschaftliches Handeln. Strukturen-Probleme-Maßnahmen. 5. Auflage. Winklers, Braunschweig 2016.

Mankiw, N. Gregory: Grundzüge der Volkswirtschaftslehre. 2. Auflage, Stuttgart: Schäffer-Poeschel Verlag 2001.

Morrison, Wayne M. und Labonte, Marc (2013): China's Currency Policy. An Analysis of the Economic Issues. URL: https://fas.org/sgp/crs/row/RS21625.pdf - Download vom 22.05.2019.

Morrison, Wayne M (2018) I: China-U.S. Trade Issues.
URL: https://fas.org/sgp/crs/row/RL33536.pdf - Download vom 14. 03.2019.

Morrison, Wayne M (2018) II: China's Economic Rise: History, Trends, Challenges, and Implications for the United States. URL: https://fas.org/sgp/crs/row/RL33534.pdf - Download vom 17.05.2019.

Navarro, Peter (2016): Scoring the Trump Economic Plan. Trade, Regulatory, & Energy Policy Impacts. URL: https://assets.donaldjtrump.com/Trump_Economic_Plan.pdf - Download vom 22.05.2019.

Pierce, Justin R. und Schott, Peter K. (2016): The Surprisingly Swift Decline of U.S. Manufacturing Employment.
URL: https://www.federalreserve.gov/pubs/feds/2014/201404/201404pap.pdf - Download vom 22.05.2019.

Smith, Adam: Der Wohlstand der Nationen. Eine Untersuchung seiner Natur und seiner Ursachen. 6. Auflage, München: Deutscher Taschenbuch Verlag 1993.

The World Trade Organization (2014): China – Anti-Dumping and Countervailing Duties on Certain Automobiles from the United States. Report of the Panel.
URL: https://www.wto.org/english/tratop_e/dispu_e/440r_e.pdf - Download vom 22.05.2019.

United States Census Bureau (2018) I: Monthly U.S. International Trade in Goods and Services. November 2017. URL: https://www.census.gov/foreign-trade/Press-Release/2018pr/11/ft900.pdf - Download vom 04.06.2019.

United States Census Bureau (2018) II: Monthly U.S. International Trade in Goods and Services. December 2017. URL: https://www.census.gov/foreign-trade/Press-Release/2017pr/12/ft900.pdf - Download vom 04.06.2019.

United States Census Bureau (2018) III: Monthly U.S. International Trade in Goods and Services. January 2018. URL: https://www.census.gov/foreign-trade/Press-Release/2018pr/01/ft900.pdf - Download vom 04.06.2019.

United States Census Bureau (2018) IV: Monthly U.S. International Trade in Goods and Services. February 2018. URL: https://www.census.gov/foreign-trade/Press-Release/2018pr/02/ft900.pdf - Download vom 04.06.2019.

United States Census Bureau (2018) V: Monthly U.S. International Trade in Goods and Services. March 2018. United States Census Bureau (hrsg.). URL: https://www.census.gov/foreign-trade/Press-Release/2018pr/03/index.html - Download vom 04.06.2019.

United States Census Bureau (2019) I: Monthly U.S. International Trade in Goods and Services. January 2019. URL: https://www.census.gov/foreign-trade/Press-Release/2019pr/01/index.html - Download vom 04.06.2019.

United States Census Bureau (2019) II: Monthly U.S. International Trade in Goods and Services. February 2019. URL: https://www.census.gov/foreign-trade/Press-Release/2019pr/02/index.html - Download vom 04.06.2019.

United States Census Bureau (2019) III: Monthly U.S. International Trade in Goods and Services. March 2019. URL: https://www.census.gov/foreign-trade/Press-Release/2019pr/03/index.html - Download vom 04.06.2019.

U.S. Bureau of Labor statistics (2019): The Employment Situation. April 2019. URL: https://www.bls.gov/news.release/pdf/empsit.pdf - Download vom 23.05.2019.

Weinstein, David; Amiti, Mary; Redding, Stephen J. (2019): The Impact of the 2018 Trade War on U.S. Prices and Welfare. URL: https://www.nber.org/papers/w25672.pdf - Download vom 04.06.2019.